Som Mørket i Morgenlyset

Forfatter: Kenneth Jensen
Udgivet: 2025
Forlag: BoD · Books on Demand, Strandvejen 100,
2900 Hellerup, bod@bod.dk
Tryk: Libri Plureos GmbH, Friedensallee 273,
22763 Hamborg, Tyskland
ISBN: 978-87-7170-251-4
Copyright: 2025 Kenneth Jensen

Indhold

Forord

Min noget usædvanlige interesse for kvinder, der omkring år 1900 tog livet af deres egne børn, begyndte med en opdagelse, som slog luften ud af mig.

Jeg fandt ud af, at min oldemors søster i 1903 havde dræbt sit barn. Det ramte hårdt. Hvordan kunne en ung kvinde ende dér? Hvad får nogen til at gøre noget så ubærligt som at dræbe sit eget barn?

Jo mere jeg læste om hende, jo mere ændrede billedet sig. Hun var ikke kold eller et monster. Hun var en ung kvinde, alene i verden og fanget i en situation uden nogen vej ud.

Hvad blev der egentlig af hende? Jeg spurgte mig selv, om hun fik mulighed for at komme videre med sit liv. Det spørgsmål blev begyndelsen på denne bog.

For hun var langt fra den eneste.

Rundt om år 1900 blev mange unge kvinder i Danmark dømt for at have dræbt deres nyfødte børn. Nogle havde forsøgt at skjule en graviditet, andre var allerede mødre uden hjælp, og de fleste havde aldrig før haft problemer med loven.

Der findes bøger om nogle af sagerne, men ofte stopper historien ved dommen. Det er alt det, der sker bagefter, det liv, de måske fik mulighed for at leve, og som vi sjældent hører om. Det har jeg forsøgt at finde frem til.

Jeg har fulgt deres spor, så langt kilderne og mine evner rakte.

Fra deres liv før forbrydelsen, gennem retssagerne, til tiden i fængslet og forsøget på at starte forfra følger vi deres historie.

De fleste kvinder i bogen var tjenestepiger eller unge kvinder fra land og by. De stod alene i en tid, hvor der næsten ikke fandtes hjælp at få.

Det er deres livshistorier.

Og selvom de var dømt for noget af det mest ubærlige, er der mere end skyld og straf i deres fortællinger. Der er også håb, mod og svigt og et blik ind i en verden, der ikke er så fjern, som den måske synes.

Vi ved i dag, at mange sager aldrig kom for en domstol. For hvert barnemord, der blev opdaget, var der formentlig mindst tre, som aldrig blev opdaget.

Det har været en følelsesladet og til tider tung rejse at skrive denne bog. Jeg har fået hjælp fra både efterkommere og lokalhistoriske arkiver, og jeg er dem dybt taknemmelig.

Bogen begynder med et kort overblik over straffene dengang og om livet i kvindefængslet på Christianshavn.

Derefter kommer de personlige fortællinger, kvinderne, skæbnerne og det, de tog med sig videre i livet.

Som en af dem skrev mange år senere:

"Det laa altid som Mørket i Morgenlyset."

Kenneth Jensen

Straffen

Hvis en kvinde mellem 1899-1908 blev dømt for at have dræbt sit eget barn, skete det efter straffeloven fra 1866.

Den paragraf, der oftest blev brugt i sager om barnemord, var paragraf 192. Her stod der:

Paragraf 192:

"En moder, som med vilje dræber sit uægte barn under eller lige efter fødslen, straffes med mellem to og tolv års strafarbejde. Hvis hun har besluttet sig for det allerede inden fødslen, kan straffen stige til mellem fire år og livstid."

Ud over paragraf 192 blev der også brugt andre paragraffer i nogle af sagerne:

Paragraf 193:

"En gravid kvinde, som med vilje fordriver sit foster eller slår det ihjel, mens det stadig er i hendes mave, straffes med op til otte års strafarbejde. Det samme gælder for den person, som med kvindens samtykke forsøger at gøre det samme."

Paragraf 194:

"Hvis en ugift kvinde føder i hemmelighed, og barnet bliver fundet dødt bagefter, uden at man kan bevise, at det var dødt inden fødslen, straffes hun, hvis hendes handlinger ikke giver grundlag for en hårdere straf, med

forbedringshusarbejde. Under milde omstændigheder kan straffen blive
fængsel, men aldrig mindre end fire måneders simpelt fængsel."

Paragraf 195:

"Hvis en kvinde bliver gravid uden for ægteskab og ikke passer ordentligt
på sig selv under fødslen, og barnet bagefter findes dødt, uden at man
kan bevise, at det døde før fødslen, så bliver hun straffet. Straffen kan
være op til to års forbedringshusarbejde. Hvis der er omstændigheder,
som taler til hendes fordel, kan straffen i stedet være fængsel, men aldrig
mindre end to måneder i simpelt fængsel".

Retten tog ofte kvindernes situation med i vurderingen.

Mange af dem fik en kortere straf eller skulle ikke sidde inde så længe,
fordi dommeren mente, at der var formildende forhold i sagen.

De kvinder, du møder i denne bog, blev næsten alle dømt efter paragraf
192. Nogle af dem blev også dømt efter paragraf 193, paragraf 194 eller
paragraf 195.

Der er også enkelte, som blev dømt for drab eller forsøg på drab, fordi de
havde taget livet af deres eget barn. Disse sager blev i stedet dømt efter
andre paragraffer i straffeloven.

Kvindefængslet

Christianshavns Straffeanstalt (1899)
(Det Kongelige Bibliotek)

I folkemunde kaldte man det bare Kvindefængslet.

Bag de tunge mure på Christianshavn lå Christianshavns Straffeanstalt.

Det var her, alle kvinder i Danmark blev sendt hen, hvis de blev idømt strafarbejde.

Straffeanstalten fungerede som kvindefængsel fra 1870 og blev først lukket i 1928. Siden blev det revet ned, og i dag er der næsten ingen spor tilbage.

Men dengang vidste alle i København, hvad det betød, når en kvinde blev ført derind.

Kvinder med korte fængselsstraffe afsonede som regel i lokale arresthuse.

Men hvis dommen lød på tugthus eller forbedringshus, var der kun ét sted at tage hen. Christianshavn Straffeanstalt.

De to former for strafarbejde var en del af det danske retssystem fra 1866 til 1930.

En dom til forbedringshus kunne lyde på alt fra otte måneder til seks år. Kvinderne sad alene i små celler og arbejdede.

De blev kaldt cellefanger.

Tugthus var værre.

Straffen kunne vare fra to år til livstid. Her arbejdede de indsatte i fælles værksteder om dagen, men sov alene om natten. De blev kaldt fællesfanger.

Intet undgik opsyn. Selv de mindste bevægelser blev kontrolleret.

Begge straffeformer blev først afskaffet i 1930, da Danmark fik en ny straffelov.

Når en kvinde trådte ind bag portene til Christianshavn, begyndte det hele med et møde hos fængselsinspektøren, hvor hun fik tildelt et nummer. Hendes domspapirer blev læst igennem.

Derefter blev hun fotograferet og skrevet ind i fangeprotokollen og på et kort, hvor hendes oplysninger blev samlet: navn, alder, dom, detaljer om hendes liv før og efter forbrydelsen.

Fanger på gårdtur overvåget af en opsynsdame. (1909)
(Det Kongelige Bibliotek)

Så blev hun kropsvisiteret. Hun fik fangetøj på. En opsynskvinde gennemgik reglerne og fortalte, hvordan dagene ville se ud.

Til sidst blev hun ført til sin celle. Hovedet skulle bøjes, så de andre fanger ikke kunne se hende. Hvis hun var dømt til forbedringshus, var hun alene det meste af tiden.

Hun arbejdede i stilhed, uden snak og uden øjenkontakt. Hun vidste ikke, hvem de andre var, eller hvor mange de var.

Det var meningen. Systemet var skabt sådan. Man troede, at stilhed, isolation og skam kunne forandre en kvinde til et bedre menneske.

Når cellefangerne blev ført uden for cellen til afhøring, læge eller gårdtur, gjaldt reglerne stadig. Øjnene i jorden. Ansigtet skjult.

Man ville undgå, at de blev genkendt, når de blev løsladt. Ingen måtte kunne pege og sige, at hun havde siddet i fængsel.

Derfor blev de kaldt ensomhedsfanger.

En eller to gange om dagen blev de ført ud i fængselsgården. Her gik de rundt i cirkler på ovale stier. Altid med god afstand. Uden ord. Uden blik.

Hvis en kvinde brød reglerne, kunne straffen være hård. Tolv timer i mørke i en kældercelle var ikke usædvanligt.

Kirken på Christianshavns Straffeanstalt. (1893)
(Det Kongelige Bibliotek)

En gang om ugen var der gudstjeneste. Fængslet havde sit eget kirkerum, og også her blev de holdt adskilt.

Forbedringshusfangerne sad forrest i små båse, hvor de kun kunne se præsten og opsynskvinderne.

Størstedelen af kvinderne i denne bog blev dømt til forbedringshus for barnemord.

Historierne

Skorstenen

Fange nr. 110 (1899)

Johanne Hansen blev født den 2. august 1872 i Lejrskov i Sydjylland som datter af gårdmand Hans Peder Hansen og Ane Jessen Nygaard. Hun voksede op som ét af otte børn.

Da hun var otte år, døde hendes far, og hendes mor stod herefter alene med ansvaret for familien.

Efter konfirmationen i 1886 blev Johanne hjemme i en tid, før hun begyndte at arbejde som tjenestepige.

Hun havde forskelligt arbejde i Sydjylland og var i en periode i Slesvig i Tyskland. Indimellem var hun hjemme hos moren.

Fårupgård. (1900)

Omkring 1895 fik Johanne arbejde på den store gård Fårupgård tæt ved Jelling. Her havde hun et forhold til mejeribestyreren Rasmus Nielsen. Han var ældre og gift, så forholdet foregik i det skjulte.

I efteråret 1896 blev Johanne gravid.

Hun forsøgte at afbryde graviditeten ved at tage moskuspulver, som på den tid blev anset for at kunne fremkalde abort.

Det havde ingen virkning.

Den 3. marts 1897 fødte hun en søn, Hans Alfred Hansen, mens hun opholdt sig hos familie i Bredsten. Barnet blev døbt i Bredsten Kirke og sat i pleje i Jelling.

Han døde af naturlige årsager tre måneder senere og blev begravet på kirkegården i Jelling.

Johanne vendte tilbage til Fårupgård, og forholdet til mejeribestyreren fortsatte. I 1898 blev hun gravid igen. Denne gang forsøgte hun med både moskusdråber og grøn sæbe, men også dette mislykkedes.

Hun holdt graviditeten skjult, så godt hun kunne.

Tidligt om morgenen den 4. maj 1899 fødte hun alene en dreng i et skur på gården. Johanne tog hans liv umiddelbart efter og skjulte liget af ham i halmen.

Senere flyttede hun drengens lig til gårdens bryggers og forsøgte at brænde det, men ilden kunne ikke fortære det. I stedet gemte hun liget i en nedlagt skorsten.

En læge blev tilkaldt, da folk på gården havde mistanke om, at noget var galt. Han kunne konstatere, at Johanne for nylig havde født, men hun nægtede, at der havde været et barn.

Lægen kontaktede politiet, og efter flere afhøringer tilstod Johanne til sidst, hvad hun havde gjort.

Liget af drengen blev fundet og blev obduceret. Han blev begravet den 9. juni 1899 på Vejle Ny Kirkegård.

Den 27. juli 1899 blev Johanne dømt ved Nørvang Tørrild Herreders Ekstraret. Retten idømte hende fem års forbedringshusarbejde for barnemord efter straffelovens paragraf 192. Derudover blev hun dømt for fødsel i dølgsmål og for forsøg på abort.

Den 2. august 1899 blev Johanne ført til Christianshavns Straffeanstalt for at afsone straffen.

Under fængselsopholdet blev hun beskrevet som flittig og ordentlig af personalet. Johanne led af anæmi, og var flere gange indlagt på fængslets sygestue. Fængselspræsten skrev, at hun udviste erkendelse af sin skyld og havde udviklet en kristen tro.

Johanne blev benådet og løsladt den 12. januar 1902.

Efter løsladelsen flyttede hun til Vejle og arbejdede igen som tjenestepige.

Den 8. september 1906 blev hun gift med cykelhandler Niels Jørgen Nielsen i Sankt Nicolai Kirke i Vejle. Parrets første barn blev født kort før brylluppet. Senere blev familien udvidet med yderligere fem børn.

Johanne passede hjemmet og hjalp til i cykelforretningen.

I begyndelsen af 1920'erne blev ægteskabet opløst. Johanne blev boende i Vejle med børnene og arbejdede som ufaglært arbejderske. Hun giftede sig ikke igen.

Johanne Hansen døde den 3. juni 1929, 56 år gammel, af mavekræft på Vejle Amts og Bys Sygehus. Hun blev begravet tre dage senere på Vejle Østre Kirkegård.

Johanne efterlod sig seks børn.

Montøren

Fange nr. 117 (1899)

Anine Christensen blev født den 10. november 1877 i Rold i Nordjylland. Hendes forældre, Jens Peter Christensen og Ane Kjerstine Jensen, ejede gården Tolborghus, hvor de sammen opfostrede otte børn.

Anine Christensens forældre med de mindste børn.
Hun er ikke selv med på billedet. (1899)
(Privatfoto)

Familien levede et trygt og stabilt liv, hvor der både var mad på bordet og plads til skolegang for børnene i den lokale landsbyskole.

I daglig tale blev hun kaldt Ninna.

I 1891 blev Anine konfirmeret i Rold Kirke, og kort efter måtte hun forlade barndomshjemmet for at arbejde som tjenestepige.

Senere blev hun mejerske, og den 1. maj 1898 startede hun på Faster Mejeri lidt nord for Skjern.

Her mødte hun en montør, der kom for at installere nye maskiner. Han fik hurtigt øje på Anine, selvom hun i forvejen var i et forhold med en smedesvend fra Skjern.

En aften sneg montøren sig ind på hendes værelse og pressede hende til samleje. Anine afviste ham gentagne gange, men han pressede sig på.

Først flere måneder efter, da han var rejst, gik det op for hende, at hun var gravid.

Nu arbejdede hun ikke længere på mejeriet, men som tjenestepige hos postmester Frost i Bredgade 22 i Skjern, hvor hun tiltrådte den 1. november 1898.

Graviditeten fyldte Anine med dyb skam. Hun skjulte sin voksende mave for alle, især sine forældre, og efter lang tids kamp med sin samvittighed besluttede hun sig for at føde barnet i hemmelighed og tage dets liv.

Hun turde ikke fortælle det til nogen, at hun var gravid, hverken sin familie eller sin forlovede, som hun blev forlovet med i foråret 1899.

Den 7. maj 1899 begyndte veerne. Anine fortalte de andre i huset, at hun var syg, og gik op på sit værelse.

Sidst på eftermiddagen fødte hun en lille pige helt alene på værelset.

Efter fødslen klippede Anine navlestrengen med en saks. Med hænderne kvalte hun pigen, lagde liget i et lagen og gemte det i en trækasse under sengen.

Samme aften, efter at hendes forlovede havde været på besøg, tændte hun op i kakkelovnen og lagde liget af pigen på ilden i et forsøg på at skjule sporene. Men ilden brændte aldrig kroppen helt væk.

Et par dage senere pakkede hun de forkullede rester af liget ind i et forklæde og gemte dem i sit klædeskab.

Dagen efter blev en læge tilkaldt, da postmesteren var bekymret for Anines helbred. Lægen og hans hustru havde længe mistanke om, at hun var gravid eller havde været det for nyligt.

Da lægen konstaterede, at Anine havde født, blev politiet tilkaldt.

Anine tilstod alt.

Politiet fandt de delvist forkullede rester af liget i hendes klædeskab på værelset. Liget af pigen blev obduceret og begravet den 15. maj 1899 på Skjern Kirkegård.

Den 8. juli 1899 blev Anine dømt til fire års forbedringshusarbejde for barnemord efter straffelovens paragraf 192.

Fem dage senere, den 13. juli 1899, blev Anine ført til Christianshavns Straffeanstalt for at afsone straffen.

I fængslet beskrev inspektøren hende som skikkelig og pålidelig, men også en smule tung i sindet. Anine opførte sig pænt, arbejdede flittigt og viste tydelig fortrydelse over sin handling.

Den 8. april 1901 blev Anine benådet af kongen og løsladt. Ved løsladelsen modtog hun 30 kroner fra kronprinsen.

Først vendte hun tilbage til Rold, men allerede i slutningen af 1902 flyttede hun til København.

Her arbejdede hun igen som tjenestepige, først hos en læge og hans hustru i Store Kongensgade og senere i 1905 hos en underdirektør i B&W på Amaliegade.

I København mødte Anine tømreren Niels Christian Nielsen, og den 13. maj 1906 blev de gift i Skt. Mathæus Kirke. Da de giftede sig, var Anine højgravid med deres første barn. Seks uger efter brylluppet kom deres første barn til verden.

Parret fik yderligere tre børn i de følgende år.

Omkring 1910 flyttede familien til Hobro, hvor Niels Christian startede sit eget tømrerfirma, mens Anine blev hjemmegående husmor.

Den 7. juni 1935 døde Anine, 57 år gammel, på Amtssygehuset i Hobro. Tre dage senere blev hun begravet på Hobro Kirkegård.

Anine efterlod sig sin mand og fire børn i alt.

Mølledammen

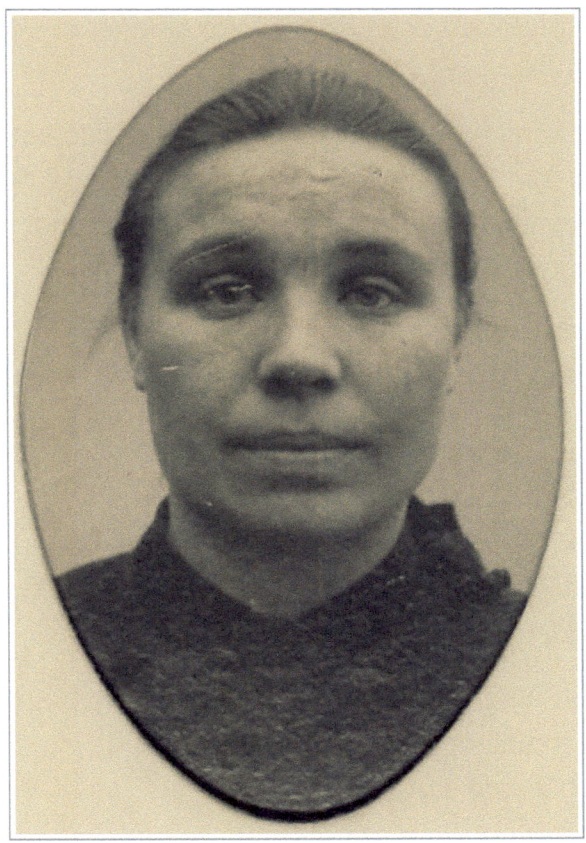

Fange nr. 119 (1899)

Ane Vinkler blev født den 2. november 1875 i den lille midtjyske landsby Havredal. Hendes far, Johan Peter Vinkler, arbejdede som murer, og hendes mor, Eva Marie Kristine Würth, tog sig af hjemmet og børnene.

Familien havde tre børn, og Ane voksede op i en hverdag præget af slid og nøjsomhed.

Da Ane var otte år gammel, døde hendes far. Det var en stor omvæltning for familien. Året efter giftede hendes mor sig igen, denne gang med Anes fætter, søn af hendes farbror.

Som niårig blev Ane sendt væk fra hjemmet for at arbejde på en gård. Hun hjalp til med praktiske opgaver både før og efter skoletid. Det var ikke unormalt for børn dengang.

I 1890 blev Ane konfirmeret i Karup Kirke. På det tidspunkt havde hun allerede arbejdet som tjenestepige i fem år på en gård cirka 15 kilometer fra barndomshjemmet. I de følgende år flyttede hun rundt i Midtjylland og tog arbejde, hvor hun kunne.

Som 23-årig boede og arbejdede hun på en gård i Skødstrup, mellem Aarhus og Djursland. Her havde hun et forhold til en af tjenestekarlene. Hun havde også haft korte forhold til andre mænd.

I begyndelsen af 1899 fandt Ane ud af, at hun var gravid.

Ane fortalte ikke nogen om graviditeten og skjulte maven så godt, hun kunne. Hun tænkte, at tjenestekarlen nok ikke ville tage ansvar for barnet, især fordi hun også havde haft andre forhold.

Den 4. oktober 1899 gik Ane i seng som sædvanligt på pigekammeret. Kort efter midnat mærkede hun, at fødslen nærmede sig. Hun lagde et skørt under sig og gjorde sig klar.

I samme seng sov en 12-årig tjenestepige, som ikke vågnede, da Ane fødte en lille pige.

Hun satte sig op, holdt pigen i armene og kvalte hende med sin højre hånd. Bagefter svøbte hun det i det skørt, hun havde haft under sig.

Ane skjulte liget af pigen i en skuffe i klædeskabet på pigekammeret.

Efter nogle dage tog Ane liget af pigen med sig og gemte det i et buskads nær en tørvegrav.

Selvom Ane havde gjort sit bedste for at skjule det, begyndte folk at mistænke, at hun havde født i hemmelighed.

Den 10. oktober 1899 blev Ane anholdt og sigtet for at have født i dølgsmål. Politiet vidste endnu ikke, hvad der var blevet af barnet, om det levede eller ej.

Ane fortalte, at hun havde født et dødfødt barn på vej hjem fra et besøg hos sin mor i Havredal, og at hun havde begravet det i en pløjemark.

Politiet troede ikke på hende og bad hende vise stedet. Der blev søgt uden resultat. Da politiet ikke fandt noget, indrømmede Ane, at hun havde løjet. Hun sagde, at hun havde født barnet på pigekammeret og skjult barneliget ved tørvegraven.

Politiet fandt barneliget, og Ane tilstod, at pigen havde været i live, da hun kvalte hende. Liget af pigen blev obduceret og begravet på Skødstrup Kirkegård den 31. oktober 1899.

Den 10. november 1899 blev Ane dømt i Rougsø Herreders Ekstraret. Hun fik tre års forbedringshusarbejde for barnemord efter straffelovens paragraf 192.

To dage senere, den 12. november 1899 blev Ane ført til Christianshavns Straffeanstalt for at afsone straffen.

Her blev hun beskrevet som ordentlig og arbejdsom. Fængselsinspektøren skrev, at hun var flittig, pålidelig og tydeligt mærket af skyld. Hun angrede dybt og virkede bedrøvet.

Straffen ramte ikke kun Ane. Også hendes gamle og syge mor blev hårdt påvirket af Anes ugerning skrev en avis i forbindelse med sagen.

Den 8. april 1901 blev Ane benådet og løsladt før tid. Hun modtog 30 kroner af kronprinsen som hjælp til at starte på livet efter fængselsopholdet.

Ane Vinkler. (1906)
(Silkeborg Lokal Arkiv)

Ane vendte tilbage til Midtjylland og arbejdede igen som tjenestepige. I 1906 var hun ansat på en gård i Thorning ved Silkeborg.

Senere flyttede hun til Sydjylland, hvor hun blev husbestyrerinde på Gammelby Mølle ved Fredericia.

Den 21. december 1913 gik Ane fra møllegården mod forpagterboligen. Det var en mørk og kold vinteraften, og hun forsvandt i mørket.

Næste morgen blev hendes livløse og kolde krop fundet flydende i mølledammen.

Myndighederne vurderede, at hun var faret vild i mørket og var gået ud i vandet, hvor hun faldt i den kolde dam. Det kunne have været et uheld.

Men nogle mente også, at Ane selv havde valgt at afslutte sit liv, en mulighed, som mange fandt mere sandsynlig.

Liget blev sendt hjem til hendes fødesogn, og den 30. december 1913 blev hun begravet på kirkegården i Frederiks.

Ane blev aldrig gift og fik ikke flere børn.

Bagerdatteren

Fange nr. 135 (1900)

Nielsine Blicher blev født den 19. november 1873 i Pillemark på Samsø som datter af landsbyens bager Erik Christian Blicher og hustru Maren Jørgensen.

De første år af hendes barndom boede hun sammen med sine forældre og søskende forskellige steder rundt på øen.

Da hun var bare syv år gammel, blev hun sendt i huset hos en gårdmandsfamilie nær Tranebjerg. Her arbejdede hun både før og efter skoletid. Alt tydede på, at Nielsine havde det godt der, for hun blev på gården i mange år.

Grunden til, at hun blev sendt hjemmefra så tidligt, var sandsynligvis, at hendes mor blev psykisk syg, da Nielsine var omkring seks år. Moderen blev indlagt på sindssygehospitalet i Viborg og kom ikke hjem igen i mange år.

På sin fars side tilhørte Nielsine en slægt, der både havde berømte og mere problematiske skikkelser. En af hendes fjerne slægtninge var præsten og forfatteren Steen Steensen Blicher.

Men ikke alle i familien havde samme ry. Forfatteren Jeppe Aakjær beskrev netop Nielsines gren af familien og hans ord var hårde og meget direkte: "...i de senere udløbere af denne sidegren møder vi samlet alle de moralske opløsningselementer, som vi hidtil hos Blicher-slægten kun har fundet sporadisk."

Livet på gården var sikkert præget af faste rutiner. Men noget ændrede sig, da en ny tjenestekarl kom til. Nielsine blev forelsket, og det endte med, at hun blev gravid.

Den 1. februar 1900 forlod hun gården på Samsø og tog til Sjælland, hvor hun fik arbejde som tjenestepige på en større gård ved navn Rendsborggård, tæt på Kalundborg.

Hun fortalte ikke nogen, at hun ventede et barn. I stedet skjulte hun sin mave og besluttede sig for at føde i hemmelighed.

Gården Rendsborggård. (1937)
(Danmark Set Fra Luften)

Omkring en måned efter at hun var ankommet, mærkede Nielsine en morgen, at fødslen var i gang. Hun sagde, at hun var syg, og fik lov til at gå til ro på pigekammeret.

Senere på formiddagen fødte hun en dreng. I en pludselig og desperat indskydelse kvalte hun ham med hånden, mens han stadig lå mellem hendes ben.

Senere samme dag lagde hun liget af drengen i en pose, som hun havde syet af et forklæde. Hun gemte posen i sit klædeskab.

Først en uge senere tog hun sig sammen til at skaffe sig af med liget af drengen. Hun smed det i en å i nærheden af gården.

Drengens lig blev snart fundet, og politiet opklarede hurtigt den tragiske sag.

Liget af drengen blev efter obduktionen begravet den 31. marts 1900 på Sankt Olai Kirkegård i Kalundborg.

Den 7. maj 1900 blev Nielsine dømt for barnemord i Arts og Skippinge Herreders Ekstraret. Hun fik to og et halvt års forbedringshusarbejde for barnemord efter straffelovens paragraf 192.

Den 12. maj 1900 blev Nielsine ført til Christianshavns Straffeanstalt for at afsone straffen.

I fængslet blev hun beskrevet som en skikkelig, pålidelig og flink kvinde, som erkendte sin forbrydelse. Samtidig noterede man, at hun var svagt begavet.

Nielsine blev løsladt den 11. januar 1902.

Efter sin løsladelse flyttede hun til København, hvor hun arbejdede videre som tjenestepige. Senere bosatte hun sig i Kongens Lyngby og blev ved med at arbejde som tyende, indtil hun gik på pension mange år senere.

Den 9. november 1947 døde Nielsine, 73 år gammel, i Kongens Lyngby. Hun blev begravet fem dage senere på Lyngby Assistens Kirkegård.

Nielsine blev aldrig gift og fik ikke flere børn.

Retiraden

Fange nr. 156 (1900)

Laurine Cathrine Jensen blev født den 2. oktober 1880 i Maareskov ved Herrested på Fyn. Hun var datter af husmand Frederik Sigfred Jensen og hans hustru Gjertrud Hansine Larsen.

Familien var stor, med seks børn i alt.

I 1894 blev Laurine konfirmeret i Ryslinge Kirke. Kort tid efter måtte hun ud at arbejde som tjenestepige på forskellige gårde, og til sidst fik arbejde på Vestergård i Gestelev.

Laurine blev forlovet med en tjenestekarl, og det er sandsynligt, at hun begyndte at drømme om en fælles fremtid med ham.

Men sent i 1899 ændrede alt sig. Laurine opdagede, at hun var gravid. Forlovelsen blev ikke til lykke, for hendes forlovede ville ikke tage ansvar og rejste i stedet til Amerika.

Laurine stod tilbage forladt og gravid.

Hun fortalte ikke nogen på gården, hvad der var sket. I stedet begyndte hun i hemmelighed at sy små stykker babytøj og lagde sine kjoler ud, så de kunne rumme hendes voksende mave.

En aften i juli 1900 havde Laurine været på marked i Odense. På vej hjem til gården i Gestelev begyndte hun at få det dårligt.

Hun gik ned til retiraden, det udendørs toilet, for at kaste op. Men da hun kom derned, faldt hun om på gulvet.

Helt alene, i mørket og i smerte, fødte hun en lille pige.

I panik tog Laurine pigen op og slog hendes hoved mod kanten af sædet. Pigen døde, og Laurine gemte liget i afføringen i bunden af retiraden.

Obduktionen senere kunne ikke med sikkerhed sige, om det var slagene mod hovedet eller kvælning i afføringen, der var årsag til pigens død.

Det var Laurines egen søster, der fandt liget af pigen næste dag. Hun opholdt sig også på gården. Vi ved ikke, om hun ledte bevidst eller blot skulle bruge toilettet, men hun fandt det lille barn.

Den 19. juli 1900 blev liget af pigen begravet på Gestelev Kirkegård. Da forhørene og obduktionen var afsluttet, blev Laurine efterfølgende anklaget for barnemord.

Retten dømte den 14. august 1900 Laurine til to års forbedringshusarbejde for barnemord efter straffelovens paragraf 192.

Laurine blev ført til Christianshavns Straffeanstalt den 21. august 1900 for at afsone straffen.

I fængslet blev Laurine beskrevet som simpel, men oprigtig og ærlig. Fængselsinspektøren mente, at straffen havde haft en positiv virkning på hende.

Hendes forældre forsøgte at få hende benådet. De pegede på, at hun var blevet forladt i sin mest sårbare situation, at hun havde handlet i desperation og i et øjebliks fortvivlelse. De fremhævede også, at hun var ung, ustraffet og vellidt.

Den lokale præst kunne bekræfte, at hun havde et godt rygte, og herredsfogeden fremhævede hendes gode skudsmål fra tidligere arbejdspladser og det indtryk, hun gjorde under afhøringen.

Alligevel mente amtmanden, at forbrydelsen var for grusom til, at hun burde benådes. Ifølge ham var det for tidligt.

Men Laurine blev løsladt allerede den 30. juni 1901, da kongen underskrev en benådning.

Laurine vendte tilbage til Fyn og genoptog sit arbejde som tjenestepige.

I 1906 befandt Laurine sig i Glamsbjerg nær Assens. Her fødte hun endnu et barn efter et forhold til tjenestekarlen Anders Peter Hansen.

Den 14. oktober 1911 giftede hun sig med husmand Hans Hansen i Rynkeby Kirke. Parret boede på gården Bøgebjerggård, Urup i Rynkeby, og to år senere fik de deres eneste fælles barn.

Gården Bøgebjerggård. (1935)
(Rynkeby Sogns Lokalhistoriske Arkiv)

Laurines barn med Anders Peter Hansen boede også hos Laurine og hendes mand.

Den 23. marts 1955 døde Laurine i en alder af 73 år. Hun blev begravet fem dage senere på Rynkeby Kirkegård.

Laurine efterlod sig sin mand og to børn.

Tændstikkehovederne

Fange nr. 113 (1900)

Anna Kirstine Jensen blev født den 17. april 1881 i den lille landsby Særslev tæt ved Horbelev på Falster. Hun voksede op i en arbejderfamilie som datter af Jens Peter Jensen og Karen Kirstine Hansen.

Der var fem børn i hjemmet, og som det var almindeligt for børn af underklassen dengang, måtte Anna tidligt ud og arbejde som tjenestepige.

Efter sin konfirmation arbejdede hun på forskellige større gårde i området.

Allerede som ung teenager, omkring seksten år gammel, begyndte Anna at have forhold til flere mænd. Det var korte og uforpligtende forbindelser, og det var i den periode, hun begyndte at tage sine egne valg i livet, på godt og ondt.

I efteråret 1899 fik Anna arbejde som tjenestepige på Mæglergården ved Brøndby.

Mæglergården ved Brøndby. (1953)
(Brøndby Lokalarkiv)

Her mødte hun Karl Christian Berthel Christensen, der også arbejdede på gården. De havde et forhold. Nogle måneder senere, i februar 1900, mærkede Anna forandringen i sin krop.

Anna var gravid.

Hun og Karl forsøgte at finde en løsning, for hun ønskede ikke at blive mor under de forhold.

Anna havde hørt, at man kunne fremkalde abort ved at drikke vand med opløste tændstikhoveder. Det virkede ikke. Hun prøvede grøn sæbe på brød og en blanding af eddikesyre og petroleum, men intet af det virkede på graviditeten.

Kroppen holdt fast i barnet. Hun begyndte at planlægge, hvad hun ville gøre, hvis det blev født i live. Hun kunne ikke se nogen fremtid med et barn, hun ikke havde råd til at tage sig af.

Om aftenen den 2. oktober 1900 fødte Anna en lille dreng. Det skete på hendes værelse, mens hun lå i sin seng. Hun lagde drengen under dynen, og lidt efter stak hun hånden derind og kvalte ham.

Hun svøbte liget af drengen ind i et stykke sækkelærred og sneg sig udenfor, hvor hun gemte det i møddingen ved gården.

For at skjule, at hendes mave var blevet mindre, fyldte hun avispapir under kjolen så det stadig så ud, som om hun var gravid. Hun havde det dårligt, men fortsatte arbejdet, som om intet var sket.

En uge senere fandt husmoderen på gården liget af drengen. Hun havde længe haft på fornemmelsen, at Anna var gravid og skjulte det. Politiet blev tilkaldt.

Anna tilstod hurtigt hvad hun havde gjort.

Liget af drengen blev obduceret og begravet den 14. oktober 1900 på Brøndbyvester Kirkegård.

Den 1. december 1900 faldt dommen. Anna fik fire års forbedringshusarbejde for barnemord efter straffelovens paragraf 192. Hun blev også dømt for forsøg på at fremkalde en abort.

Karl, barnets far, blev også dømt for sin medvirken og fik i alt 20 dages fængsel på vand og brød.

Den 3. december 1900 blev Anna ført til Christianshavns Straffeanstalt for at afsone straffen.

Her blev hun beskrevet som uvidende, doven og uden forståelse for, hvor alvorlig hendes handling var. Men efterhånden ændrede hun sig. Hun blev mere åben og flittig. Alligevel blev hun stadig betragtet som mentalt afvigende i rapporterne.

Den 1. april 1903 blev hun benådet og løsladt. Ved løsladelsen fik hun 30 kroner fra kronprinsen.

Anna rejste hjem til Falster og bosatte sig senere i Stubbekøbing, hvor hun fik arbejde som husbestyrerinde.

Her mødte hun Johannes Emil Jensen, som arbejdede som bødker. De havde et forhold og flyttede sammen.

I efteråret 1906 blev hun igen gravid, og i sommeren året efter fødte hun deres første barn. De følgende år kom to børn mere til verden. Familien voksede, og selv om hun endnu ikke var gift, levede Anna nu et mere stabilt og trygt liv.

Den 28. december 1914 blev hun og Johannes endelig gift. Sammen fik de yderligere tre børn.

I 1920 flyttede familien til Nykøbing Falster. Johannes arbejdede fortsat som bødker, og Anna var først hjemmegående og siden ansat som tobaksarbejderske.

Den 17. juli 1941 døde Anna på Nykøbing Falster Sygehus. Hun blev 60 år. Tre dage senere blev hun begravet på Nordre Kirkegård i Nykøbing Falster.

Anna efterlod sig sin mand og seks børn.

Gårdejerdatteren

Fange nr. 127 (1901)

Mette Marie Hess blev født den 17. juni 1873 i den lille landsby
Toksværd på Sydsjælland. Hun var datter af gårdejer Jens Jakob Hess og
hans hustru Mette Sofie Jensen.

Familien Hess. Mette Marie Hess ses som nr. 2 fra venstre. (1898)
(Privat foto)

Familien talte seks børn, og Mette var en af dem.

Hun klarede sig nogenlunde i landsbyskolen. Hendes evner blev beskrevet som almindelige, og som fjortenårig blev hun konfirmeret i Toksværd Kirke.

Efter konfirmationen blev hun hjemme i nogle år og hjalp sin mor med husholdningen. Senere blev hun sendt ud for at arbejde som tjenestepige. Hun arbejdede blandt andet på en større gård i Toksværd og vendte af og til hjem for at hjælpe til.

I 1898 blev Mette gravid, mens hun arbejdede på en gård i Pederstrup nær Mogenstrup. Hun tog hjem til sine forældre og fødte en lille pige sidst på året.

Pigen blev hjemmedøbt og fik navnet Meta Hess. Men lykken blev kortvarig. Omkring fem uger gammel døde Meta, og hun nåede aldrig at blive døbt i kirken. Hun blev begravet på Toksværd Kirkegård.

Efter tabet vendte Mette tilbage til sit arbejde som tjenestepige. I år 1900 fik hun arbejde på Marbæksgård i nærheden af Skælskør.

Engang i løbet af foråret havde hun samleje med gårdens bestyrer. Kort tid efter begyndte hun at mærke forandringer i kroppen. En læge bekræftede hendes mistanke.

Mette var gravid igen.

Hun gik i panik. Hun forsøgte at få det til at gå væk. Hun opløste et pulver i vand, som normalt blev brugt til køer, der skulle kælve. Da det ikke virkede, prøvede hun med andre midler, men intet hjalp.

Hun planlagde at tage hen til en kvindelig slægtning for at føde i hemmelighed når den tid kom.

På gården lagde ingen mærke til noget.

Men natten til den 27. januar 1901 begyndte fødslen pludseligt, mens Mette lå alene i sin seng. Hun havde regnet med, at fødslen først ville ske om en måned.

Hun fødte en pige, som hun lod blive liggende mellem sine ben. Kort efter begyndte pigen at skrige. I fortvivlelse og chok stak Mette sin finger ind i den lille mund og kvalte hende.

Da pigen var død, rev Mette navlestrengen over med hænderne og svøbte liget af pigen i gammelt linned. Hun gemte det i sengen. Næste aften lagde hun det ind i klædeskabet.

Det gik ikke længe, før nogen opdagede, at noget var galt.

Mette blev afhørt af politiet og tilstod forbrydelsen med det samme. Liget af pigen blev fundet i klædeskabet.

Liget af pigen blev sendt til obduktion og begravet på Haarslev Kirkegård den 10. februar 1901.

Den 14. maj 1901 faldt dommen i Holsteinborg Birks Ekstraret. Mette fik tre års forbedringshusarbejde for barnemord efter straffelovens paragraf 192. Hun blev også dømt for forsøg på at fremkalde en abort.

Den 18. maj 1901 blev Mette ført til Christianshavns Straffeanstalt for at afsone straffen.

Inde bag fængslets mure blev hun beskrevet som flittig og stille. Hun holdt sig for sig selv og kom ikke i konflikt med nogen.

Efter kun omkring et års tid i fængsel blev Mette løsladt på grund af en kongelig benådning. Det skete den 20. juni 1902.

Mette Marie Hess og manden. (1929)
(Privatfoto)

Mette vendte tilbage til livet som tjenestepige og fandt vej til Torpe ved Høng. Her mødte hun en mand, og i foråret 1903 blev hun igen gravid.

Den 11. februar 1904 fødte hun endnu et barn, denne gang i København. Barnet blev sat i pleje.

Kort efter opholdt hun sig kort i Hallenslev ved Høng, men rejste hurtigt videre til Tyvelse, tæt på Ringsted.

Den 17. juni 1904, på sin 31-års fødselsdag, blev Mette gift med forpagter Mads Jensen i Tyvelse Kirke. De slog sig ned i Tyvelse, hvor Mads fra 1911 drev gården Sandagergård, og Mette tog sig af hjemmet og børnene.

Seks børn blev født i ægteskabet, og sønnen fra Mettes tidligere forhold voksede også op i familien.

Den 19. juni 1934 døde Mette, 60 år gammel, på Næstved Amtssygehus. Hun skulle opereres for en galdestenslidelse, men operationen lykkedes ikke. Seks dage senere blev hun begravet på Tyvelse Kirkegård.

Mette efterlod sig sin mand og syv børn.

Jordemoderen

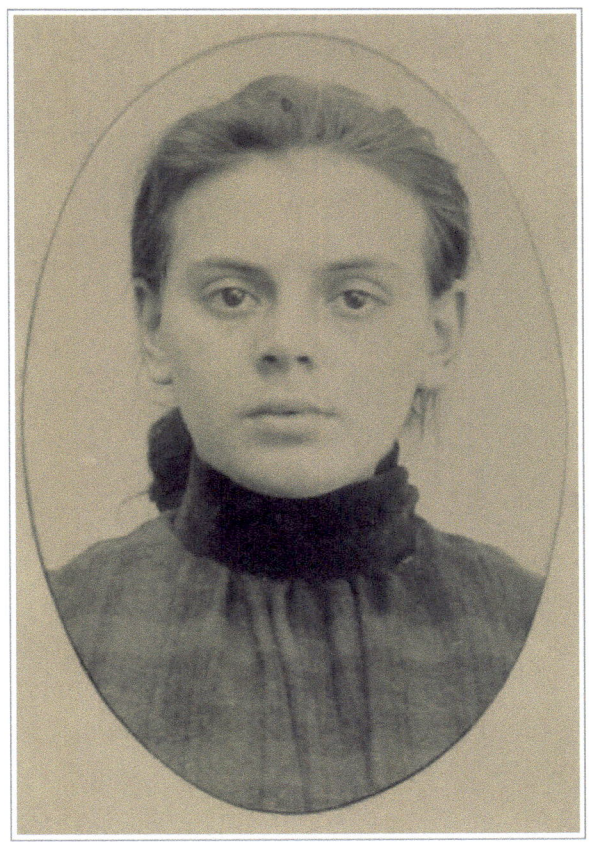

Fange nr. 200 (1902)

Engeline Johanne Vilhelmine Kjergaard blev født den 9. januar 1881 i København. Hendes far var smed og hed Johan Gottlieb Kjergaard. Moren, Severine Marie Bruun, passede hjemmet.

De havde seks børn, og Engeline voksede op midt i den travle storby.

Hun gik i friskole, men allerede som trettenårig begyndte hun at arbejde som bybud. Familien havde brug for pengene, og det var helt almindeligt dengang, at børn hurtigt måtte tage ansvar.

I 1895 blev Engeline konfirmeret i Hellig Kors Kirke og sendt ud for at arbejde som tjenestepige.

På et tidspunkt var Engeline i Rønnede på Sydsjælland, men hun længtes hjem og vendte hurtigt tilbage til København. Her fik hun arbejde hos en familie i Læssøegade.

I efteråret år 1900 mødte Engeline en maskinarbejder. De havde et forhold, og mod slutningen af året blev hun gravid. Hun fortalte det ikke til sin arbejdsgiver, men hun betroede sig til sin mor.

Sammen lagde de en plan. Engeline skulle komme hjem den 1. august året efter, og når fødslen nærmede sig, ville hun tage ud til noget familie på landet og føde der i ro.

Men det gik ikke, som de havde planlagt.

Natten til den 1. august 1901 vågnede Engeline med kvalme. Hun stod op, tændte lys og gik ud i køkkenet for at hente kamferdråber.

Pludselig besvimede hun.

Da hun kom til sig selv, havde hun født. Hun pakkede det lille barn ind i noget tøj, forlod sit arbejde som tjenestepige og skyndte sig hjem til sin mor.

Der fortalte hun, at barnet var dødfødt. Hun havde lagt det i en æske og taget det med. Hendes mor blev meget chokeret, men fik hende straks lagt i seng og tilkaldte derefter en jordemoder.

Jordemoderen kom hurtigt og tilså Engeline. Hun gav hende den nødvendige pleje, men da hun kiggede ned i æsken, blev hun i tvivl.

Noget stemte ikke.

Kort tid efter kontaktede hun politiet og Engeline blev anholdt, mistænkt for barnemord.

En obduktion af barnet viste, at det var fuldbårent. Det havde trukket vejret og levet kort, før det døde. Dødsårsagen var kvælning forårsaget af ydre vold.

Engeline fortalte, at hun var besvimet under fødslen. Da hun kom til sig selv og så barnet, stak hun fingrene i barnets hals og kvalte det.

Den 15. februar 1902 blev Engeline dømt i Københavns Kriminal- og Politiret. Retten dømte hende til otte måneders forbedringshusarbejde for uforsvarlig omgang med et nyfødt barn.

Dommen lød efter paragraf 195 i straffeloven. Hun blev altså ikke dømt for barnemord.

Men sagen stoppede ikke der. Anklageren mente, at dommen var for mild og førte sagen videre til Højesteret. Forsvareren ønskede frifindelse og mente, at Engeline enten ikke havde forårsaget barnets død eller i hvert fald ikke havde været bevidst om, hvad hun gjorde.

Anklageren ønskede en hårdere straf eller som minimum, at den første dom blev stående.

Højesteret vurderede, at det ikke kunne udelukkes, at besvimelsen havde påvirket Engelines sindstilstand, da det afgørende tragiske øjeblik indtraf.

Alligevel blev Engeline den 30. april 1902 dømt for barnemord efter paragraf 192.

Men straffen blev ikke ændret. Højesteret fandt formildende omstændigheder og fastholdt straffen på otte måneders forbedringshusarbejde.

Den 23. juni 1902 blev Engeline ført til Christianshavns Straffeanstalt for at afsone straffen.

Engeline blev i fængslet beskrevet som værende pålidelig og flink, men også lidt sorgløs.

Hun blev løsladt seks måneder senere, den 23. december 1902.

To år efter arbejdede Engeline som dagvagt på et hospital. Sidst på sommeren blev hun gravid igen. Denne gang var faderen arbejdsmand og hed Carl Elias Konstantin Thorup.

Parret giftede sig den 16. april 1905 i Sankt Stefans Kirke i København. Deres første barn blev født få uger senere.

I begyndelsen af 1916 kom deres andet og sidste barn til verden.

Familien blev boende i København. Carl arbejdede som arbejdsmand, og Engeline passede hjemmet. Senere fik hun arbejde som bladbud for avisen Aftenbladet og beholdt det i mange år.

I begyndelsen af 1964 døde Carl, og Engeline blev enke.

Det vides ikke hvornår Engeline døde.

Engeline efterlod sig to børn.

Frugthaven

Fange nr. 121 (1901)

Maren Kirstine Nielsine Rasmussen blev født den 14. august 1878 i
Vester Kærby ved Agedrup på Fyn som datter af skrædder Niels
Rasmussen og hans hustru Karen Kirstine Olsen. Parret fik fem børn.

Da Maren var omkring ni år gammel, døde hendes far, og familien måtte flytte til Munkebo tæt ved Odense. Her giftede moderen sig igen.

Allerede som trettenårig begyndte Maren at arbejde som barnepige. Hun passede børn samtidig med, at hun gik i skole, og hendes kundskaber blev betegnet som almindelige.

Efter konfirmationen i 1892 blev hun sendt ud for at arbejde som tjenestepige.

I foråret 1899 arbejdede hun på en gård. Her forelskede hun sig i en tjenestekarl, Lauritz Hansen. De havde et forhold, og Maren blev gravid.

Da fødslen nærmede sig, vendte hun hjem til sin mor og stedfar i Munkebo. I februar 1900 fødte hun en lille pige. Barnet blev hos bedsteforældrene og kom i pleje der.

Kort tid efter blev Maren gravid igen. Nu var hun i tjeneste hos sognefogeden på Hylleagregård i Vester Kærby. Hun havde haft et forhold til møllekusken Peter Madsen.

Men da hun fortalte den kommende fader, at hun ventede hans barn, afbrød han kontakten.

Maren regnede med, at hun kunne tage hjem til sin mor som sidst, men denne gang nægtede stedfaren at hjælpe hende. Den afvisning havde hun ikke set komme.

Hun stod alene og traf en beslutning. Hun ville skjule sin graviditet og føde i hemmelighed. Ingen på gården måtte vide noget.

Om aftenen den 22. september 1901 gik Maren i seng som hun plejede. Kort efter kom veerne. Hun fødte alene i sin seng en pige.

Den lille pige blev liggende mellem hendes ben, mens Maren, udmattet og alene, faldt i søvn. Hun vågnede efter nogle timer, da barnet begyndte at græde, men hun nægtede at handle.

Hylleagregård i Vester Kærby. (Ukendt årstal)

Tidligt næste morgen vågnede hun endnu en gang. Pigen levede stadig. Maren løftede pigen op og kastede hende mod gulvet, men hun døde ikke.

For at skjule hende og dæmpe gråden dækkede Maren pigen til med gammelt tøj, klude og sække.

Hun håbede, at døden ville komme hurtigt.

Ved middagstid gik Maren hen til pigen igen. Hun levede stadig og gav svage, sukkende lyde fra sig. Maren gjorde ingenting. Først ud på eftermiddagen, mellem fem og seks, kiggede hun til hende igen. Nu var pigen død.

Liget af pigen blev liggende i værelset i flere dage. Til sidst pakkede Maren det ind og gemte det i sin seng. Da hun nogle dage senere skulle besøge sin mor og stedfar i Munkebo, tog hun bylten med.

Inden hun gik ind i huset i Munkebo, skjulte hun bylten med liget af pigen i en grøft i nærheden.

Efter at have snakket lidt med sin mor og stedfar fandt Maren på en undskyldning for at gå ud alene. Hun gik med faste skridt mod grøften, hvor hun havde gemt bylten, og gravede bylten ned i jorden mellem frugttræerne.

Da det var gjort, vendte Maren roligt tilbage til huset og fortsatte samtalen, som om intet var hændt.

På Hylleagregård havde folkene længe fornemmet, at noget var galt. Flere havde haft mistanke om, at Maren havde været gravid.

Sognefogeden og hans hustru havde konfronteret hende, og hun var blevet opsagt, men hun nægtede alt. De lod hende blive, men bad hende sige til, hvis tiden kom.

Til sidst konfronterede sognefogeden hende igen.

Denne gang tilstod hun. Maren blev tilbageholdt og overdraget til politiet.

Under forhørene blev Maren ført til sin mors hjem i Munkebo, hvor hun selv pegede stedet ud i frugthaven. Der fandt man barneliget, som senere blev obduceret.

Den 7. oktober 1901 blev liget af pigen begravet på Agedrup Kirkegård.

Den 18. december 1901 blev Maren dømt i Bjerge Aasum Herreders Ekstraret. Dommen lød på tre års forbedringshusarbejde for barnemord efter straffelovens paragraf 192.

Den 3. januar 1902 blev Maren ført til Christianshavns Straffeanstalt for at afsone straffen.

Her blev hun beskrevet som skikkelig og med tilfredsstillende opførsel, men også som mindre begavet og tarveligt udrustet i åndelig henseende.

Hun led af en kirtelsygdom, som havde givet hende et smertefuldt og åbent sår på halsen. Det helede først sent under afsoningen.

Den 30. maj 1903 blev Maren løsladt ved kongelig benådning.

Efter løsladelsen fandt Maren igen arbejde som tjenestepige. I 1906 opholdt hun sig i Marslev ved Odense og senere i Stenstrup nær Svendborg.

Den 16. maj 1910 blev hun gift med købmand Jeppe Christian Jeppesen i Vindinge Kirke. De fik ikke børn sammen, men omkring 1921 adopterede de et barn. Marens første barn boede også hos parret.

Da hendes mand døde i 1951, boede parret i Langeskov mellem Odense og Nyborg.

Maren døde den 23. oktober 1953, 75 år gammel. Hun blev begravet tre dage senere på Rønninge Kirkegård.

Maren efterlod sig ét barn og ét adoptivbarn.

Dødsdommen

Fange nr. 6 (1902)

Marie Christine Christensen blev født den 3. marts 1880 i Nykøbing Mors. Hendes mor, Anne Kirstine Hansen, var ugift, og barnefaderen, Søren Christensen, blev udlagt som far.

Senere giftede moderen sig med tømreren Niels Jensen, og sammen flyttede de med Marie til Aarhus. Familien slog sig ned i Høegh Guldbergs Gade. Marie fik fire halvsøskende, men en af dem døde som lille.

Ifølge Marie var der ingen i familien, der havde været straffet, drak for meget eller led af psykisk sygdom. Med andre ord voksede hun op i en helt almindelig familie.

Da Marie blev konfirmeret i 1894, begyndte hun at arbejde som tjenestepige, ligesom mange andre unge piger på den tid.

I 1899 flyttede hun til Dollerup, omkring ti kilometer syd for Viborg, hvor hun arbejdede som stuepige på hovedgården Hald.

Her forelskede hun sig i en af tjenestekarlene, Christian Andersen. Fra foråret og frem til efteråret i år 1900 havde de et forhold og tilbragte meget tid sammen på hans værelse.

Som det ofte skete, blev Marie gravid. Det blev også afslutningen på deres forhold, for tjenestekarlen afsluttede det efterfølgende.

Den 1. maj 1901 stoppede Marie i sit arbejde som stuepige på grund af graviditeten.

Marie flyttede ind hos en arbejderfamilie i Bækkelund, tæt på hovedgården Hald. Her lejede hun et værelse, hvor hun planlagde at føde sit barn.

Den 12. juli 1901 blev hun mor til en lille dreng.

Efter tre uger valgte Marie at sende drengen i pleje hos en enke, fru Würtz, som boede i Kirkebæk, lidt nordvest for Viborg. Marie kendte hende godt, da hun var bedste veninde med hendes datter, Ellen Marie.

Kort tid efter blev Marie forlovet med sin fætter, Joseph Knudsen, der arbejdede som postbud i Nykøbing Mors.

De havde tidligere været kærester, og han vidste, at Marie for nylig havde fået et barn uden for ægteskab.

Det afskrækkede ham ikke, tværtimod havde han intet imod, at barnet en dag kunne bo hos dem.

Men Marie havde det anderledes. Hun ønskede ikke, at drengen skulle bo hos hende og Joseph, når de blev gift.

Hun fik sit gamle arbejde tilbage som stuepige på hovedgården Hald og havde dermed en indkomst.

Enken, der tog sig af barnet, pressede Marie til at tage en beslutning. Hun foreslog enten at få barnet døbt eller at skille sig af med det.

Barnet skulle være afhentet inden for 14 dage, det havde Marie lovet. Hun prøvede at undgå det, men til sidst sagde enken, at nu skulle der ske noget.

Marie traf sit valg. Hun besluttede at tage sin søns liv for, som hun selv sagde, ikke at have mere ulejlighed af det.

Fire dage senere, den 8. oktober 1901, hentede Marie sin søn hos enken. Hun sagde, at han nu skulle i pleje hos hendes kommende svigerforældre i Nykøbing Mors.

Til kæresten fortalte hun, at barnet var dødt.

Senere samme aften, omkring klokken ti, gik Marie mod Viborg med barnet i armene. Enken fulgte hende et stykke af vejen, men vendte om.

Marie fortsatte alene ned mod Viborg Sø. Hun havde truffet en beslutning: Hun ville drukne sin omkring tre måneder gamle dreng.

For at undgå, at kroppen skulle flyde op, klædte hun ham af og kastede ham med al kraft ud i vandet.

Næste morgen blev hans livløse krop fundet i søen af en forbipasserende arbejder.

Viborg Sø. (Ukendt årstal)
(Postkort)

Mistanken faldt hurtigt på Marie. Hun blev anholdt og tilstod straks, hvad hun havde gjort.

Efter cirka syv og en halv måned i arresten kom Marie for retten i Viborg Købstads Ekstraret. Hun blev dømt for mord og idømt dødsstraf.
Straffen blev givet efter straffelovens paragraf 190 og ikke efter paragraf 192, som handlede specifikt om barnemord.

Maries forsvarer ankede dommen til Viborg Overret, men det ændrede ingenting. Dommen blev stadfæstet, Marie var stadig dømt til døden.

Forsvareren gav ikke op og ankede sagen videre til Højesteret i København. Også her blev dommen fastholdt.

Anklageren beskrev Marie som værende ganske blottet for menneskelige følelser. Forsvareren påpegede, at det forhold, at barnets far havde forladt hende, havde sløvet Maries ansvarsfølelse.

Til sidst var der kun én mulighed tilbage: at søge kongen om benådning.

I midten af maj 1902 valgte kongen at benåde Marie. I stedet for dødsstraf blev hendes straf ændret til livsvarigt tugthusarbejde.

Den 25. maj 1902 blev Marie ført til Christianshavns Straffeanstalt for at afsone straffen.

Men tre et halvt år senere, den 4. december 1905, blev Marie igen benådet. Denne gang betød det, at hun blev løsladt fra fængslet.

Marie tog tilbage til Aarhus, men i begyndelsen af 1906 rejste hun igen til København. Hun fik arbejde som tjenestepige hos en familie på Vesterbrogade.

I årene efter flyttede Marie frem og tilbage mellem Aarhus og København. Hun arbejdede tilsyneladende stadig som tjenestepige.

Til sidst slog hun sig permanent ned i København.

I 1921 var Marie husbestyrerinde i Nordre Frihavnsgade i København.

Den nu 41-årige Marie var stadig ugift og der er intet, der tyder på, at hun fik flere børn.

Det vides ikke, hvor eller hvornår Marie døde.

Barselsfeberen

Herregården Kokkedal (Ukendt årstal)

Christine Marie Johnsen blev født den 1. juli 1873 i den lille landsby Nørre Økse i Brovst Sogn. Hun kom til verden som datter af ugifte Christine Johnsen og murer Jens Christian Christoffersen.

Parret havde allerede fået en datter sammen, og senere fik de endnu et barn. Alligevel valgte Christines mor at gifte sig med en anden mand, murer Christen Nielsen, i 1876.

Christine voksede op i en stor sammenbragt familie. De boede i Nørre Økse, hvor børnene fra moderens tidligere forhold og fire nye søskende fra ægteskabet med Christen Nielsen udgjorde hverdagen.

Senere flyttede familien til fattiggården i Haverslev Sogn, et område mellem Brovst og Fjerritslev, hvor livet sandsynligvis var præget af økonomiske vanskeligheder.

I 1888 blev Christine konfirmeret i Haverslev Kirke. Efter konfirmationen blev hun sendt ud for at arbejde som tjenestepige og arbejdede på gårde i omegnen. Som 17-årig arbejdede hun på en gård i Haverslev Sogn.

I 1899, som 26-årig, boede og arbejdede hun i Øland nær Brovst. Her mødte hun Anders Christian Nielsen, og de havde et forhold. Senere samme år blev Christine gravid.

Under graviditeten flyttede hun til Torslev Sogn, og i sommeren 1900 fødte hun sit barn på herregården Kokkedal, hvor hun arbejdede som tjenestepige.

Christine havde ikke fortalt nogen, at hun var gravid, og hun havde planlagt at føde i hemmelighed. Men under fødslen blev hun opdaget af en anden tjenestepige på gården.

Det er meget sandsynligt, at denne opdagelse forhindrede, at et barnemord fandt sted.

Christine blev på Kokkedal en tid efter fødslen, men hendes barn kom ikke til at bo hos hende. Det blev sat i pleje.

Kort tid efter havde Christine et forhold til en anden mand på gården, Jakob Christensen Bjerregaard. Han var gift, men det forhindrede ikke forholdet i at udvikle sig.

I foråret 1901 blev Christine gravid igen.

Hun blev boende i Torslev Sogn og lejede et værelse hos en familie. Hun levede af husgerning og småjobs. Husejerens hustru bemærkede på et tidspunkt, at Christine var gravid.

Den 30. januar 1902 fik Christine veer. Hun følte sig dårlig og forstod, at fødslen var i gang. Hun gik ud i køkkenet og fødte der et barn.

Umiddelbart efter fødslen kvalte hun barnet ved at holde hånden over dets næse og mund. Derefter lagde hun liget af barnet i kakkelovnen og tændte op for at brænde det. Flere timer senere samlede hun resterne sammen og gemte dem i komfurets skorsten.

Dagen efter spurgte husejerens hustru, om Christine havde født. Christine nægtede og sagde, at hun havde aborteret tidligt og at der ikke var spor af fosteret.

Kvinden blev mistænksom og tilkaldte jordemoderen, som også kontaktede en læge. Lægen kunne se, at Christine havde født for nylig, men hun nægtede stadig.

Politiet blev involveret, men heller ikke de kunne få hende til at indrømme noget. En grundig eftersøgning af huset gav intet resultat.

Lægen fastholdt, at Christine havde født og sørgede for, at hun blev indlagt på Amtssygehuset i Brovst. Planen var, at hun skulle overføres til arresten på Skærpinggaard, så snart hendes helbred tillod det.

Mens hun lå på sygehuset, talte hun med en sygeplejerske og indrømmede, at hun havde født. Hun fortalte, at barnet var ufuldkomment og uformeligt, og at hun derfor havde brændt det i kakkelovnen.

Kort efter blev barnets forkullede rester fundet i komfurets skorsten. De var så medtagede, at det ikke var muligt at samle dem fuldstændigt.

Obduktionen kunne ikke fastslå barnets køn eller om det havde været i live. Derfor blev Christines tilståelse afgørende for sagen.

Amtssygehuset i Brovst. (1928)

Liget af barnet blev begravet den 7. februar 1902 på Brovst Kirkegård.

Bare seks dage senere, den 13. februar 1902, døde Christine selv på Amtssygehuset. Hun blev 28 år.

Dødsårsagen var sandsynligvis barselsfeber, en infektion der var almindelig og ofte dødelig dengang.

Hun blev begravet otte dage senere på Torslev Kirkegård.

Christine efterlod sig et barn.

Gårdejersønnen

Fange nr. 133 (1902)

Johanne Marie Petterson blev født den 26. september 1882 i Ajstrup, en lille landsby i Nordjylland. Hendes mor, Amalie Sørensen, var ugift, og faderen, Johannes Petterson, blev udlagt som barnefader.

Nogle uger efter fødslen blev forældrene gift. Familien voksede til fem personer med tre børn. Faderen drev en gård, og moderen passede hjemmet.

Da Johanne var omkring fem år gammel, døde hendes mor. Kort tid efter giftede faderen sig igen, og endnu flere børn kom til.

Familien flyttede, og faderen fik senere arbejde som fyrbøder på et savværk i nærheden af Aalborg.

Johanne gik i forskellige landsbyskoler, men allerede som tolvårig begyndte hun at arbejde som barnepige ved siden af skolegangen.

Efter konfirmationen blev hun sendt ud for at arbejde som tjenestepige på gårde i området. Hendes arbejdsgivere beskrev hende som pligtopfyldende, ærlig og pålidelig.

I år 1900 arbejdede Johanne på en gård ved Vester Brønderslev. Her mødte hun Martinus Sørensen, søn af gårdejeren. De to unge forelskede sig, og på Helligtrekongersdag den 6. januar 1901 forlovede de sig.

Men de holdt det hemmeligt. Ingen fik noget at vide.

Martinus begyndte at besøge Johanne på hendes kammer, og de havde samleje. Johanne var først modvillig, men gav efter for hans ønsker.

Senere samme år, den 1. november 1901, skiftede Johanne arbejde og blev tjenestepige på gården Søndergaard i Holte ved Tolstrup, tæt på Brønderslev.

Kort tid efter begyndte hun at mærke forandringer i sin krop. Hun var gravid. Men hun sagde ikke noget. Ikke til sin forlovede, ikke til nogen.

Hun havde aldrig været sammen med en mand før Martinus, og skammen fyldte hende helt op.

Hun var alene og kunne ikke få sig selv til at dele sin frygt med nogen.

Måske blev forlovelsen opløst, da hun flyttede. Vi ved det ikke med sikkerhed.

Den 12. april 1902 lå Johanne i sin seng, da hun mærkede pludselige, kraftige smerter. En time senere stod hun op og gik alene ud i kostalden. Der fødte hun en lille dreng. Helt alene, i mørket.

Hun tog drengen op og bar ham ind på sit kammer. Hun lagde ham i fodenden af sengen og dækkede ham helt til med dynen. Hensigten var, at han skulle kvæles.

Senere forklarede Johanne, at det var en pludselig indskydelse. Hun ønskede ikke at skade ham, men vidste ikke, hvad hun ellers skulle gøre.

Næste morgen forsøgte Johanne at genoptage sine pligter og gik ud for at malke køerne. Men hun var svækket og måtte vende tilbage til sengen.

En af de andre opdagede, at hun havde født, og en jordemoder blev tilkaldt. Da jordemoderen ankom, fandt hun liget af drengen i sengen.

Johanne tilstod med det samme. Hun forklarede, at hun ikke turde tage hjem til sin far og stedmor for at føde. Hun havde holdt det hele inde, helt alene.

Liget af drengen blev obduceret og begravet den 23. april 1902 på Hjørring Købstads Kirkegård.

Den 17. maj 1902 blev Johanne dømt i Børglum Herreds Ekstraret. Dommen lød på to års forbedringshusarbejde for barnemord efter straffelovens paragraf 192.

Fem dage senere, den 22. maj 1902, blev Johanne ført til Christianshavns Straffeanstalt for at afsone straffen.

I fængslet blev Johanne beskrevet som venlig, stille og mærket af skyld og sorg. Hun gjorde, hvad hun blev bedt om, og arbejdede flittigt.

Den 31. maj 1903 blev Johanne benådet og løsladt, efter kongen havde underskrevet en benådning.

Kort efter opholdt hun sig midlertidigt i Vejgaarden i Nørre Tranders ved Aalborg.

Men Johanne forlod Danmark. I juli samme år udvandrede hun sammen med sin bror Søren Kristian til USA.

Deres mål var South Dakota. Kort efter ankomsten blev Johanne gift med Andrew Petersen.

I efteråret 1904 fødte hun deres første barn. I 1905 boede familien i Racine i Wisconsin, USA, hvor de slog sig ned og blev resten af livet. Johanne fødte to børn mere.

Familiens gravsten i Wisconsin, USA. (Ukendt årstal)

I 1936 døde Johanne i Wisconsin, USA.

Johanne efterlod sig sin mand og tre børn.

Sengehalmen

Fange Nr. 118 (1902)

Hanne Albine Kristine Stefansen blev født den 1. april 1884 i Nylarsker Sogn på Bornholm. Hendes forældre var husmand Ole Stefansen og hans kone Kjersti Person.

Familiebillede. Hanne Albine Kristine Stefansen ses
yderst til venstre i billedet. (1899)
(Bornholms Ø-Arkiv)

Da Hanne var barn, flyttede familien til Rutsker, også på Bornholm. De fik otte børn i alt, men to af dem døde som små.

Hanne gik i den lokale landsbyskole. Hun klarede sig jævnt, og allerede som niårig måtte hun hjælpe til på gården med at passe dyr før og efter skolegangen.

I 1898 blev hun konfirmeret i Rø Kirke. Hun boede stadig hjemme hos forældrene i Rutsker. Efter konfirmationen begyndte hun at arbejde som tjenestepige på forskellige gårde i området.

I 1901 arbejdede hun som tjenestepige på en gård i Rø Sogn. Ifølge folketællingen arbejdede hun med malkning og anden almindelig pigegerning.

Kort tid efter flyttede hun til Østermarie, hvor hun fik arbejde på Brændesgården. Her havde hun et forhold til en ung tjenestekarl, som var på hendes egen alder.

Forholdet fik konsekvenser. Hanne blev gravid i løbet af sommeren 1903. Hun var bare 17 år.

Hun forsøgte at skjule det for folk omkring sig, men flere lagde mærke til, at noget var anderledes.

Faderen til barnet fik intet at vide.

Mens hun ventede barnet, kæmpede hun med mørke tanker. Hun overvejede, hvad hun skulle stille op, hvis barnet blev født levende. Hun var bange for, hvad der ville ske.

Tanken om at slå barnet ihjel meldte sig, men hun skubbede den også væk igen og igen. Hun var både bange for straffen og for det, hun selv kaldte en synd.

Hanne var nu tjenestepige på gården Vestergård i Østermarie.

Lørdag aften den 26. april 1902 fik hun det dårligt og gik i seng på sit lille værelse. Normalt delte hun værelset med en anden tjenestepige, men den aften var hun alene.

Uventet gik fødslen i gang. Hanne fødte alene en pige, uden nogen form for hjælp. Det gik hurtigt. Hun bandt selv navlestrengen med et stykke sytråd hun havde liggende.

I første omgang gjorde hun ikke pigen noget. Men da hun begyndte at skrige, blev Hanne grebet af panik. Hun frygtede at blive opdaget. af de andre på gården.

Hanne fandt et stykke bånd og snørede det om pigens hals, indtil det var helt stille.

Hun svøbte liget af pigen ind i noget tøj og gemte liget i sengehalmen. Hele natten blev hun liggende alene.

Næste morgen stod hun op og malkede køerne, som hun plejede.

Senere samme dag kom den anden tjenestepige hjem. Inde på værelset fandt hun liget af pigen, gemt i sengehalmen.

Hanne måtte fortælle gårdejeren, hvad der var sket. Både læge og politi blev tilkaldt.

De lod Hanne blive i sengen, indtil hun havde det godt nok til at blive ført til arresten.

Den 29. april 1902 blev liget af pigen obduceret. Dagen efter blev det begravet på kirkegården i Østermarie.

Hanne sad fængslet i arresten i omkring seks uger inden hun kom for retten.

Sidst i juni 1902 blev Hanne dømt i Bornholms Østerherreds Ekstraret. Dommen lød på fire års forbedringshusarbejde for barnemord efter straffelovens paragraf 192.

Den 30. juni 1902 blev Hanne ført til Christianshavns Straffeanstalt for at afsone straffen.

Da Hanne kom i fængsel, blev hun først beskrevet som umoden og indesluttet. Hun holdt sig meget for sig selv, sagde ikke meget og virkede lukket.

Men allerede tre måneder senere var tonen en anden. Nu blev hun kaldt pålidelig og venlig, både i skolen og når der skulle arbejdes.

I foråret 1903 begyndte der dog at ske noget. Der kom en bemærkning om, at hun ikke altid tog ansvar, og i marts 1904 fik hun en advarsel for upassende opførsel.

Senere blev Hanne beskrevet som mut og egenrådig, men samtidig også som en, der arbejdede flittigt og gjorde sig mere umage med undervisningen.

Da året gik på hæld, stod der kun én sætning i hendes journal: "Hun viser i det hele taget fremgang".

Hanne blev løsladt fra fængslet den 30. december 1904.

Kort efter vendte hun hjem til Bornholm og forsøgte at finde tilbage til en hverdag, så godt hun nu kunne.

Men Hanne var ikke færdig med at drømme. I foråret 1906 traf hun en stor beslutning: Hun rejste til Canada for at starte på en frisk og måske finde lykken et helt nyt sted.

Hun rejste ikke alene. Hendes bror tog med hende.

De slog sig ned i Regina, en by i provinsen Saskatchewan midt i landet, hvor de blev registreret som arbejdere.

Men efter lidt over et år rejste de videre. I efteråret 1907 gik turen til USA. Denne gang til Oakland i Californien.

Her boede en af deres søstre, og Hanne og hendes bror kunne bo hos hende, indtil de havde fået fodfæste. En anden søster valgte senere også at rejse til USA.

I sit nye liv i Amerika begyndte Hanne at bruge navnet Albine Steffensen. Hun giftede senere i USA, formentligt omkring 1909.

Ifølge folketællingen i 1930 arbejdede hun som husholderske og boede i Alameda, som ligger i Oakland-området i Californien.

Rejsedokument i forbindelsen med rejse fra Canada til USA. (1907)

Det vides ikke, om hun fik børn i USA, eller hvornår hendes liv sluttede.

Natpotten

Fange nr. 131 (1902)

Karen Sofie Svendsen blev født den 30. juni 1884 i den lille landsby Skuldelev i Nordsjælland. Hendes mor, Sidse Marie Pedersen, var ugift, og faren, Peder Svendsen, blev udlagt som barnefader.

De blev senere gift, og Karen voksede op som en del af en stor søskendeflok på syv børn.

Familien boede i et simpelt hjem, og børnene gik i landsbyskolen. Faren drak for meget i perioder, og det påvirkede uden tvivl både moren og børnene.

Karen fik ikke lov at være barn ret længe. Allerede som tolvårig måtte hun arbejde som barnepige, og det gik ud over hendes skolegang.

I 1898 blev hun konfirmeret i Skuldelev Kirke og sendt ud for at arbejde som tjenestepige på gårde i nærheden. Hun havde faktisk allerede arbejdet på en gård før sin konfirmation, men boede da stadig hjemme hos forældrene.

Sidst i 1901 havde Karen et forhold til en fisker i Frederikssund. De var intime, og i begyndelsen af 1902 blev hun gravid. Hun valgte at skjule det og planlagde at føde i hemmelighed.

Den 1. maj 1902 fik Karen arbejde som tjenestepige på Sølyst i Frederikssund hos en handelsgartner ved navn Jensen.

Her skjulte hun stadig graviditeten, selvom flere omkring hende begyndte at ane mistanke. Hun blev spurgt flere gange, men benægtede det hver gang.

Karen fortalte faderen til barnet, at hun ventede sig, og at han var barnets far. Han nægtede det senere i retten og sagde, at han godt nok havde spurgt hende, men at hun dengang havde sagt nej.

Hun forklarede senere, at hun ville forlade sit arbejde den første november 1902 for at tage hjem og fortælle sine forældre, at hun var gravid og ville føde hos dem. Men sådan gik det ikke.

En aften omkring klokken 20 sad hun på sit værelse og hvilte sig, da hun begyndte at få voldsomme smerter.

Sølyst (til højre) i Frederikssund (1918)
(Frederikssund Lokalhistoriske Arkiver)

De var startet tidligere samme dag, mens hun havde malket køerne på marken, men hun forstod ikke, at det var veer.

Ved midnatstid stod det klart for hende, at hun skulle føde, men hun blev på værelset.

Omkring klokken tre om natten fødte hun en dreng. Hun sad på sin natpotte, og fødslen var stille og ensom.

Pigen, der havde værelse ved siden af, hørte Karen klage sig og spurgte flere gange, hvad der var galt. Hver gang svarede Karen, at det bare var mavepine.

Efter fødslen lå drengen i natpotten. Da Karen så, at han bevægede sig, lagde hun sin hånd over hans mund og næse. I fem minutter holdt hun den der.

Hun kvalte ham.

Om morgenen stod hun op, som om intet var hændt, og gik ud for at malke køerne. Hun tog liget af drengen med sig og gemte det i en hæk ved marken.

Karen Marie Svendsen. (Ukendt årstal)

Senere forklarede Karen, at hun var desperat. Hun vidste ikke, hvordan hun skulle forsørge barnet og følte, at hun ikke havde noget valg. Hun sagde også, at hun var fuldt bevidst om, hvad hun gjorde.

Da hun havde gemt liget af drengen i hækken, fortsatte hun dagens arbejde.

Hjemme i huset havde fruen tilkaldt en jordemoder. Hun havde en stærk mistanke om, at Karen havde født.

Sammen gik de ind på værelset og så blodspor på gulvet og lidt på sengen.

Da Karen kom hjem omkring klokken syv, blev hun mødt af jordemoderen og fruen i huset. Hun tilstod med det samme, at hun havde født, dræbt sit barn og gemt det i hækken.

Der gik omkring en time, før liget blev fundet.

Efter obduktionen blev liget af drengen begravet den 12. oktober 1902 på Frederikssund Kirkegård.

Den 28. november 1902 blev Karen dømt for barnemord i Frederikssunds Købstads Ekstraret. Straffen lød på to år og seks måneders forbedringshusarbejde for barnemord efter straffelovens paragraf 192.

Karen blev den 4. december 1902 ført til Christianshavns Straffeanstalt for at afsone straffen.

I fængslet blev hun beskrevet som en stille og flittig pige. Hun opførte sig ordentligt, men viste ikke tegn på at erkende sin forbrydelse. På trods af sin opvækst og den tragiske handling, blev hun set som en god pige, der havde haft det svært.

Den 1. juli 1904 blev Karen benådet af kongen og løsladt. Hun modtog 20 kroner fra kronprinsen som hjælp til at starte på livet efter fængselsopholdet.

Efter løsladelsen rejste Karen hjem til Nordsjælland og arbejdede igen som tjenestepige.

I 1906 boede hun i Birkerød, hvor hun mødte tjenestekarlen Lars Peter Julius Hansen. De havde et forhold, og midt i året blev hun gravid igen.

Da fødslen nærmede sig, tog hun hjem til sine forældre i Skuldelev og fødte barnet der i foråret 1907.

Senere flyttede hun til København, hvor hun arbejdede som tjenestepige, men besøgte også jævnligt sine forældre.

I 1909 flyttede Karen ind hos barnets far, Lars Peter Julius Hansen, som nu arbejdede som arbejdsmand og boede i en lejlighed i Silkeborggade. Sammen fik de to børn mere.

I 1911 flyttede familien til en lejlighed i Aalborggade, og her blev Karen hjemmegående. I de kommende år fødte hun yderligere fire børn.

Hun og Lars Peter Julius Hansen blev aldrig gift, men hun blev i folketællingerne opført som hans husbestyrerinde.

Den 10. februar 1920 fødte Karen sit ottende barn i hjemmet i Aalborggade.

Men denne gang gik fødslen ikke godt. Under fødslen fik hun blodpropper i lungerne og døde samme dag. Hun blev 35 år gammel.

Fire dage senere blev hun begravet på Bispebjerg Kirkegård i København.

Karen efterlod sig otte børn.

Værtinden

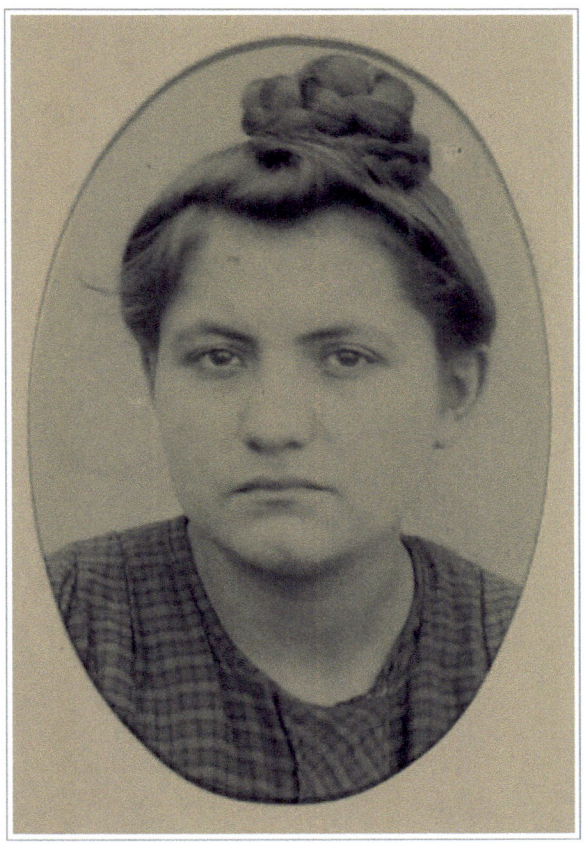

Fange nr. 126 (1903)

Martha Bolette Vilhelmine Lindqvist blev født den 29. maj 1884 i Sundby, et arbejderkvarter tæt på København. Hun var datter af maskinsmeden Laurits Lindqvist og hans hustru Vilhelmine Pedersen.

Familien var stor. Udover forældrene var der hele ti børn at tage hensyn til.

Allerede som tolvårig begyndte Martha at arbejde ved siden af skolegangen. Hun fik arbejde på en guld- og sølvvarefabrik, og selvom hun klarede sig fint i skolen, blev hendes kundskaber vurderet som almindelige.

I 1898 blev Martha konfirmeret i Sundby Kirke og fik efterfølgende arbejde på forskellige fabrikker rundt om i byen.

Martha flyttede ofte. Hun lejede værelser hos private og fandt sin egen vej gennem voksenlivet. I juni 1902 flyttede hun ind i et værelse hos en familie i Rigensgade 25. Hun var bare 18 år og havde i perioder korte forhold til forskellige mænd.

Rigensgade 25 i København. (Ukendt årstal)
(Kbh. Billeder)

En aften i juli mødte hun en mand, hun ikke kendte. De tilbragte natten sammen, og derefter forsvandt han ud af hendes liv uden videre.

Kort tid efter opdagede Martha, at hun var gravid. Hun fortalte det kun til ganske få og holdt resten for sig selv.

Hun forberedte sig ikke på at skulle have et barn. Hun arbejdede stadig og fortsatte sin hverdag, som om ingenting var anderledes.

Om morgenen den 11. marts 1903 fik hun det dårligt og lagde sig i sengen. Tidligt næste morgen blev smerterne så voldsomme, at hun indså, hvad der var ved at ske. Fødslen var i gang.

Alene og uden hjælp fødte hun, liggende i sengen, en lille pige. Hun klippede navlestrengen over med en saks og lagde barnet på gulvet.

Efter et kvarters tid så hun, at pigen bevægede sig. Uden at tænke længe, og uden at kunne forklare, hvorfor, traf hun en beslutning. Hun fandt et målebånd og strammede det om pigens hals. Pigen døde, og Martha gemte barneliget i sin kommode.

Senere samme dag gik hun som vanligt på arbejde. Værtinden, der ejede lejligheden, gik ind på Marthas værelse og opdagede blodpletter på gulvet og i sengen.

Hun havde længe haft en fornemmelse af, at noget var galt, og hun vidste, at Martha snart skulle føde.

Hun tilkaldte politiet, som fandt liget af pigen i kommoden. Barnet havde stadig målebåndet om halsen.

Politiet ventede i ejendommen. Da Martha kom hjem, blev hun anholdt. Hun tilstod under forhøret, at hun havde født pigen og derefter kvalt hende.

Den 9. juni 1903 blev Martha dømt i Københavns Kriminal- og Politiret. Hun fik tre års forbedringshusarbejde for barnemord efter straffelovens paragraf 192.

Dagen efter blev Martha ført til Christianshavns Straffeanstalt for at afsone straffen.

Fængselspersonalet beskrev hende som tilbageholdende, men også som fornuftig og begavet. Hun deltog i undervisningen og arbejdede flittigt.

Fængselspræsten kaldte hende utilnærmelig, men mente alligevel, at hun følte både skam og anger.

Den 4. oktober 1904 blev Martha løsladt før tid, efter en benådning underskrevet af kongen.

Martha flyttede hjem til sine forældre i Sundby og blev boende hos dem indtil maj 1905.

Senere forlod hun Danmark.

Hun rejste til England og blev i efteråret 1908 gift med Joseph Nathan Levis, som var noget ældre end hende.

Parret bosatte sig i Paddington i London, og her levede Martha resten af sit liv.

Martha døde i England i 1969.

Det vides ikke, om hun efterlod sig børn.

Svigt

Fange nr. 113 (1903)

Anna Hansen blev født den 11. august 1883 i den lille landsby Måreskov ved Herrested på Fyn. Hendes far, Jens Christian Hansen, arbejdede som arbejdsmand, og hendes mor, Karen Kirstine Rudolph, passede hjemmet.

Sammen havde de fire børn, og Anna voksede op i en helt almindelig arbejderfamilie.

I skolen klarede hun sig jævnt. Der var ikke noget, der stak særligt ud, men hun fulgte med og blev vurderet som almindeligt dygtig.

I 1897 blev Anna konfirmeret i Herrested Kirke. Efter konfirmationen blev Anna for det meste boende hjemme.

Ofte var hun syg og led af både mavesår og mavekatar, men hun havde alligevel perioder, hvor hun arbejdede som tjenestepige på forskellige gårde.

Nogle steder blev hun kun kort tid, andre steder lidt længere. Sygdommene gjorde det svært at holde fast i et stabilt arbejdsliv.

I begyndelsen af 1902 mødte Anna en murersvend, og de blev kærester. Hun blev gravid i løbet af efteråret, men opdagede det først med sikkerhed i marts året efter.

På det tidspunkt var hun blevet forlovet med kæresten, men da han fandt ud af, at hun ventede barn, brød han forlovelsen.

Anna stod pludselig helt alene. Hun traf den beslutning, at hun ville holde graviditeten skjult. Hun fortalte ikke nogen om det og besluttede, at hvis barnet blev født levende, ville hun slå det ihjel.

Den 26. maj 1903 bad Anna gårdejerfruen, som hun arbejdede for i Ringe, om lov til at gå i seng igen. Hun havde det dårligt. Alene på sit lille kammer fødte hun en dreng.

Kort efter fødslen dræbte Anna drengen ved at tage et fast greb om baghovedet med den ene hånd og presse to fingre fra den anden hånd så langt ned i hans mund som muligt.

Derefter gemte hun liget af drengen i sengen.

Et par timer senere stod hun op og forsøgte at genoptage arbejdet. Men hun var stadig svag og blødte, så hun måtte igen gå til sengs.

Gårdejerfruen blev bekymret og tilkaldte en læge. Han kunne se, at Anna havde født.

Hun påstod overfor lægen og gårdejerfruen, at det var en spontan abort, men da liget af drengen blev fundet i sengen, tilstod hun, hvad hun havde gjort.

Liget af drengen blev obduceret og begravet den 1. juni 1903 på Ringe Kirkegård.

Ikke længe efter blev Anna dømt i Sunds Gudme Herreders Ekstraret. Hun fik fire års forbedringshusarbejde for barnemord efter straffelovens paragraf 192.

Det var ikke første gang, Anna havde været i konflikt med loven. Tidligere samme år var hun blevet idømt to gange fem dages fængsel på vand og brød for tyveri.

Den 24. juli 1903 blev Anna ført til Christianshavns Straffeanstalt for at afsone straffen.

Her blev hun beskrevet som en nogenlunde skikkelig fange, men uden synderlig erkendelse af det, hun havde gjort.

Den 21. november 1904 blev hun benådet og løsladt, efter at kongen havde underskrevet benådningen.

Anna flyttede hjem til sin mor, der nu var blevet enke, og de boede sammen i nogle år.

I 1909 arbejdede Anna igen som tjenestepige. Denne gang på gården Sludsgaard i Frørup Sogn.

Den 2. februar 1909 døde Anna Hansen. Hun blev kun 25 år. Dødsårsagen var sandsynligvis sygdom. Fire dage senere blev hun begravet på Herrested Kirkegård.

Anna blev ikke gift og fik ikke flere børn.

Svigerinden

Fange nr. 121 (1903)

Petronelle Pedersen blev født den 7. marts 1881 i Tisvildeleje, en lille fiskerlandsby i Tibirke Sogn i Nordsjælland. Hendes far, Hans Pedersen, levede af fiskeriet.

Hendes mor, Ingeborg Margrethe Knudsdatter, passede hjemmet og deres i alt syv børn.

Familien havde ikke meget, men de holdt sammen og klarede sig igennem tilværelsen i Tisvildeleje.

I skolen klarede Petronelle sig sådan nogenlunde. Hun blev vurderet som gennemsnitlig, hverken dårlig eller særlig dygtig.

I 1895 blev Petronelle konfirmeret i Tibirke Kirke, og kort tid efter begyndte hendes voksenliv.

Som det var normalt for piger i hendes alder, blev hun sendt ud for at arbejde som tjenestepige. Først arbejdede hun i Vejlby ved Helsinge, og senere som 17-årig, flyttede hun til Frederiksborg for at finde nye muligheder som tjenestepige.

I 1901 boede hun i Hillerød og fortsatte med at arbejde som tjenestepige. To år senere, i 1903, rejste hun til København i håbet om at finde bedre arbejde og måske en ny begyndelse.

Men livet i hovedstaden blev ikke nemt. Selvom hun ikke var gift, havde hun allerede fået to børn, som hun forsøgte at tage sig af alene. Det sled på hende. Økonomisk og følelsesmæssigt var det en tung byrde, og hun kæmpede med at få det hele til at hænge sammen.

Mens hun boede i Hillerød, havde hun et forhold til en mand, som hun blev kæreste med. I slutningen af 1902 fandt hun ud af, at hun var gravid igen.

Hun flyttede som nævnt til København, og boede hos sin svigerinde, Mathilde Andersen, i en lejlighed på Skyttegade 23. Her fandt hun arbejde på en fabrik, selv om hun var højgravid.

En dag spurgte Mathildes mor, om Petronelle var gravid. Petronelle svarede undvigende, at hun måske var det. Hendes kæreste vidste besked, men svigerinden havde ingen anelse.

Petronelle havde ikke gjort nogen forberedelser til fødslen. Hun håbede i hemmelighed, at barnet ville dø af sig selv. Hun havde allerede svært ved at give sine to børn det liv, hun ønskede.

Hun havde endnu ikke tænkt tanken om at gøre barnet noget, men aftenen den 28. maj 1903 ændrede alt sig.

Petronelle fik kraftige smerter i lænden. Hun gik flere gange ud på lokummet i gården. Sidste gang gik fostervandet. Hun forstod, at fødslen var begyndt.

En tanke ramte hende: Hvis hun fødte barnet dér, kunne det måske forsvinde. Hun blev siddende. Hun fødte en dreng, rev navlestrengen over og lod ham falde ned i det, der allerede lå i lokummet.

Drengen druknede. Der gik omkring et kvarter, uden at han viste tegn på liv. Petronelle tog liget af drengen op, pakkede det ind i sit forklæde og skørt og lagde det forsigtigt i et klædeskab i lejligheden.

Næste morgen opdagede svigerinden liget af drengen i klædeskabet og tilkaldte politiet.

Den 20. juli 1903 blev Petronelle dømt ved Københavns Kriminal- og Politiret. Hun fik tre års forbedringshusarbejde for barnemord efter straffelovens paragraf 192.

Petronelle blev samme dag ført til Christianshavns Straffeanstalt for at afsone straffen.

I fængslet blev hun beskrevet som skikkelig, men lidt overfladisk. Senere sagde man, at hun var flink og til at stole på.

Fængselspræsten så hende som godmodig og samarbejdsvillig, og dem, der lærte hende at kende, fremhævede hendes vilje til at indordne sig og lære af sine fejl.

Hendes mor skrev til Justitsministeriet og bad om benådning. Hun beskrev Petronelle som et godt barn, der bare var kommet ud i noget uheldigt som ung, og som aldrig havde haft dårlige intentioner.

Petronelles tidligere arbejdsgivere, som hun havde tjent i tre år, gav hende et varmt skudsmål.

Den 4. oktober 1904 blev Petronelle benådet og løsladt. Det var kongen selv, der underskrev benådningen.

Efter løsladelsen flyttede Petronelle tilbage til Hillerød.

Den 29. december 1907 blev hun gift i Frederiksborg Slotskirke med teglværksarbejder Niels Peter Olsen. Hun var gravid med deres første barn, som kom til verden tre måneder senere.

I årene efter fik Petronelle yderligere otte børn. Familien boede i Gadevang i Nødebo Sogn tæt ved Frederiksborg. Hendes mand arbejdede på det lokale teglværk, og Petronelle tog sig af hjemmet og børnene.

Den 3. marts 1955 døde hun i Gadevang, 73 år gammel. Hun blev begravet fem dage senere på Gadevang Kirkegård.

Petronelle efterlod sig sin mand og i alt elleve børn.

Brevene

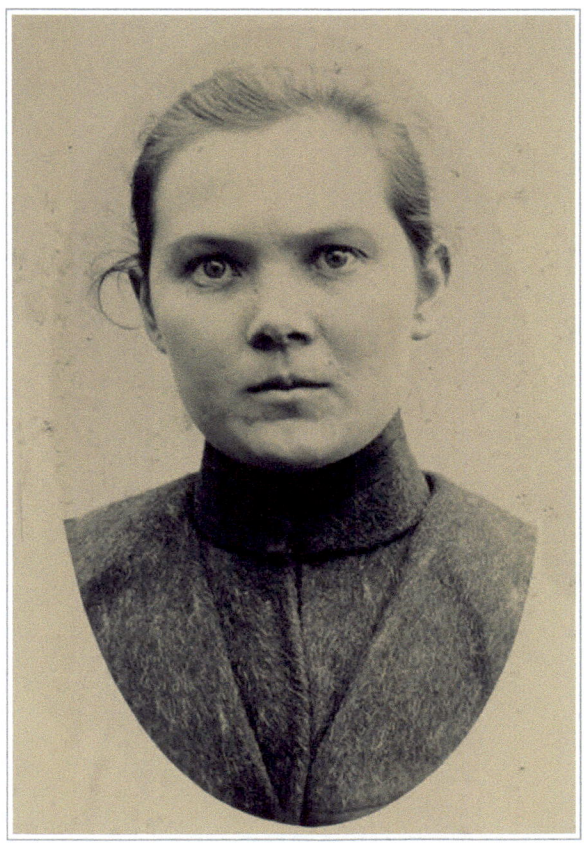

Fange nr. 101 (1903)

Lovise Kristine Kristjansen blev født den 5. september 1880 i Hørby i Nordjylland. Hendes mor, Mathilde Amalie Nielsen, arbejdede som husholderske for gårdejeren Christian Julius Christensen, og sammen fik de seks børn.

Men da Lovise blev født, var forældrene ikke gift endnu. Først da hun var fire år, blev de viet. Kort tid efter døde faderen, og Mathilde stod pludselig alene med seks små børn.

Lovise blev sat i pleje hos en familie på en gård i sognet, og senere flyttede hun med dem til Volstrup Sogn. Da hun nærmede sig konfirmationsalderen, boede hun stadig hos plejefamilien.

Hun blev konfirmeret i Volstrup Kirke den 30. september 1894 og fik ros for både kundskab og opførsel.

Lovise Kristine Kristjansen. (1899)

Et år efter begyndte hun at arbejde som tjenestepige. Før det havde hun brugt et halvt år på at lære at sy. Hun var 15 år og skulle nu klare sig selv.

I de følgende år havde Lovise skiftende arbejde rundt omkring i Jylland. På et tidspunkt mødte hun en handelskommiselev i Aarhus, og det forhold gjorde hende gravid i sommeren 1900.

Hun fødte en pige, som blev sat i pleje hos hendes tidligere plejemor, der nu boede i Vejgaard tæt ved Aalborg.

Lovise fortsatte med at arbejde forskellige steder og boede indimellem hos sin plejemor eller hos sin søster og svoger i Horsens.

I foråret 1902 søgte Lovise arbejde på Pavillonen Skovlyst i Sæby. Forpagteren Jens Carl Marcusen ansatte hende, og hun begyndte den 1. maj 1902.

Men det blev hurtigt mere end bare arbejde. Marcusen, som var 52 år, gift og velhavende, havde et forhold til Lovise, som på det tidspunkt kun var 21. Før sommeren var omme, blev hun gravid igen.

Da fødslen nærmede sig, rejste hun i januar 1903 til Hjørring og indlogerede sig på Jernbanehotellet. Det var aftalt med barnets far, og han betalte for opholdet.

Den 26. februar 1903 fødte Lovise endnu en datter.

Efterfølgende blev pigen sat i pleje hos grønthandler Peter Nielsen og hans kone Else Kirstine i Lille Nygade i Horsens. Lovise skulle betale 12 kroner om måneden for det.

Hun rejste videre til København for at starte på en frisk og tjene penge. Først arbejdede hun på et hotel i Lille Strandstræde og derefter på en café i Borgergade.

Men breve fra søsteren i Horsens begyndte at bekymre hende.

Hendes datter blev ifølge søsteren ikke passet ordentligt hos plejeforældrene i Horsens, og hun opfordrede Lovise til at finde en bedre løsning.

Lovise var desperat. Hun tjente kun omkring 15 kroner om måneden, og næsten alt gik til datterens pleje.

Hun havde skrevet flere breve til barnets far for at bede om hjælp, men han svarede ikke. Først senere fandt man ud af, at hans hustru havde opsnappet og skjult brevene.

I desperation sagde hun pludselig sit arbejde op. Hun fortalte, at hun ville rejse til Horsens og videre til USA, men det var ikke sandheden.

Mandag den 6. juli 1903 tog hun toget til Horsens om aftenen. Hun havde truffet en frygtelig beslutning. Hun ville tage pigens liv og derefter sit eget. Hun så ingen anden udvej.

Den 7. juli 1903 hentede hun pigen hos plejeforældrene og steg på toget mod Aarhus. I den mørke tredjeklassekupé sad hun og kiggede ud. Kort før Skanderborg fik hun øje på en stor, øde mose mod vest.

Det var Eskebæk Mose. Hun vidste med det samme, at det var der, det skulle ske.

Lovise steg af toget i Skanderborg omkring klokken 22 og begyndte at gå mod mosen med pigen i armene.

Ved vandet satte hun sig. Hun klædte pigen af og lagde hende forsigtigt i vandet, mens hun knælede i det bløde mudder.

Planen var at følge pigen i døden. Men hun kunne ikke. Hun blev stående ved bredden. Kort tid efter gik Lovise tilbage til stationen og tog toget mod København.

Dagen efter, den 8. juli 1903, fandt nogle arbejdere liget af den lille pige i mosen.

Politiet havde ikke meget at gå efter. Kun nogle få øjenvidner.

Men så kom der en henvendelse fra Horsens. Nogen mistænkte, at det kunne være det barn, der havde været i pleje i Lille Nygade.

Da Lovise læste om efterlysningen i avisen, meldte hun sig selv. Hun blev anholdt og overført til arresten i Skanderborg.

Den 15. oktober 1903 faldt dommen.

Lovise blev ikke dømt for barnemord, fordi der var en lille mulighed for, at barnet allerede var dødt, da hun lagde det i vandet. Hun fik to års forbedringshusarbejde for drabsforsøg.

Anklageren mente, dommen var alt for mild og ankede sagen.

Ved Overretten i Viborg den 25. januar 1904 blev Lovise igen kendt skyldig i drabsforsøg. Denne gang lød dommen på otte års tugthusarbejde.

Forsvareren ankede dommen til Højesteret, som den 18. marts 1904 ændrede den igen.

Lovise blev dømt for forsætligt, men ikke overlagt manddrab. Hun fik seks års forbedringshusarbejde. Højesteret vurderede, at barnet var i live, da det blev lagt i vandet.

Den 25. marts 1904 blev Lovise ført til Christianshavns Straffeanstalt for at afsone straffen.

I fængslet blev hun beskrevet som en mønsterfange. Hun var venlig, pålidelig og uden nogen disciplinære anmærkninger. Hun talte sjældent om forbrydelsen, men de, der mødte hende mente, at hun oprigtigt fortrød det, hun havde gjort.

Den 7. august 1905 blev Lovise benådet af kongen og løsladt. Hun modtog 20 kroner fra kronprinsen.

Efter løsladelsen boede hun en tid hos sin gamle plejemor.

Sidst i 1905 rejste Lovise til USA. Hun ville starte forfra i Chicago, hvor hun kunne bo hos en slægtning til en veninde.

Kort tid efter ankomsten til USA mødte hun Jørgen Frederik Hansen. De blev kærester, og i foråret 1906 blev hun gravid igen.

Denne gang blev faderen hos hende. De blev gift den 24. november 1906 i Chicago. Han arbejdede som former i jernindustrien, og Lovise blev hjemmegående. Sammen fik de tre børn.

I ti år levede de et tilsyneladende almindeligt familieliv. Men det var kun på overfladen. Lovise var ikke lykkelig.

Den 30. marts 1916 sagde Lovise farvel til sin mand og deres døtre og forlod hjemmet. Efter flere dages forgæves søgen meldte hendes mand hende savnet.

Femten dage senere fandt en parkbetjent et lig i søen i Humboldt Park. Det var liget af Lovise.

Hun havde i lang tid kæmpet med mørke tanker og sagt det højt flere gange, at hun ikke kunne mere, fortalte hendes mand til politiet.

Denne gang gjorde Lovise alvor af det. Hun tog sit eget liv. Og det næsten på samme måde som dengang, i 1903, da hun i desperation dræbte sin lille datter i mosen.

Lovise efterlod sig sin mand og tre børn.

Zinkspanden

Fange nr. 127 (1903)

Laurine Frederikke Rasmine Rasmussen blev født den 12. oktober 1879 i Knudsker på Bornholm som datter af skipper Hans Peter Rasmussen og hans hustru Mathea Vesth.

Familien boede i Rønne og havde i alt ni børn. Laurine gik i friskole, men hun havde svært ved at følge med, fordi hun ofte var syg og måtte blive hjemme.

I 1894 blev Laurine konfirmeret i Rønne Kirke. Kort tid efter blev hun sendt ud for at arbejde som tjenestepige. De første år arbejdede hun i Rønne, men senere rejste hun til København, hvor hun også arbejdede i andres hjem.

Mens hun boede i København, fødte hun to børn. Det første barn kom til verden i sommeren 1900 på Den Kongelige Fødselsstiftelse.

Nogle måneder senere rejste Laurine tilbage til Bornholm med barnet, som blev anbragt i pleje hos en familie. Kort tid efter tog hun tilbage til København for at arbejde videre som tjenestepige.

Det andet barn, som hun efterfølgende fik, døde som spæd.

I efteråret 1902 havde Laurine et forhold til en kusk. Hun blev gravid igen, men skjulte det ikke. Hendes mor hjalp hende med at skaffe tøj og ting til barnet. Da fødslen nærmede sig, lejede Laurine et værelse, hvor hun planlagde at føde alene.

Den 16. juni 1903 gik fødslen i gang. Laurine var alene på værelset og fødte stående. Barnet, en pige, faldt med hovedet først ned i en zinkspand, som hun havde stillet klar.

Pigen bevægede sig, men Laurine lod hende ligge. Hun havde besluttet, at barnet ikke skulle leve. Navlestrengen blev ikke bundet, og pigens hoved lå under blod og fostervand i spanden.

Spanden stod dér i fem dage, uden at nogen vidste, hvad der var sket. Til sidst tog Laurine liget af pigen op, pakkede det ind i nogle klude og gemte det under køkkenvasken. Hun forlod lejligheden med tanke om at skaffe sig af med det senere.

Men hun nåede ikke tilbage, før andre lagde mærke til noget.

Adelgade 91 i København. (1941)
(Kbh. Billeder)

Beboerne i baghuset til Adelgade 91, hvor Laurine havde boet, begyndte at klage over en stærk og ubehagelig lugt. Det kom fra en lejlighed på tredje sal. Ingen havde set Laurine i flere dage.

Man vidste, at hun havde været gravid, og frygtede, hvad der var sket. Den anden kvinde i lejligheden var Laurines søster, som var bortrejst. Til sidst blev værtinden tilkaldt, og hun låste døren op.

Stanken førte dem direkte ud i køkkenet, hvor de fandt det stærkt forrådnede barnelig under vasken. Politiet blev kontaktet.

Laurine blev fundet nogle timer senere og anholdt.

I første afhøring sagde Laurine, at barnet var dødt ved fødslen. Politiet troede hende ikke. Sandheden ville blive afsløret ved obduktionen.

Senere brød Laurine sammen og indrømmede, at pigen havde levet. Hun sagde, at hun havde ønsket, at pigen skulle dø, fordi hun ikke kunne tage sig af det. Barnets far havde forladt hende, og hun stod alene.

Ved obduktionen af pigens lig kunne man ikke fastslå dødsårsagen, fordi liget af pigen var alt for medtaget.

Den 19. september 1903 blev Laurine idømt tre års forbedringshusarbejde for barnemord efter straffelovens paragraf 192.

Laurine blev ført til Christianshavns Straffeanstalt den 21. september 1903 for at afsone straffen.

I fængslet blev Laurine beskrevet som enkel og uden forståelse for forbrydelsens alvor. Hun arbejdede flittigt, men viste ikke tegn på anger.

Laurine blev løsladt to år senere, den 21. september 1905.

Efter sin løsladelse blev Laurine i København i nogle år, men vendte derefter tilbage til Bornholm. I 1910 arbejdede hun igen som tjenestepige i Rønne.

Året efter blev hun husbestyrerinde hos enkemanden Anton Hansen Juul i Pedersker. Den 13. december 1911 blev de gift i Pedersker Kirke. Anton var avlsbruger og havde to børn fra et tidligere ægteskab.

Laurine fik aldrig børn med Anton, men de havde et plejebarn boende i mange år. Sidst i 1920erne flyttede familien til Aakirkeby.

Den 12. november 1931 døde Laurine på Aakirkeby Sygehus. Hun blev 52 år. Seks dage senere blev hun begravet på Aaker Hjælpekirkegård.

Laurine efterlod sig sin mand og et barn.

Snakken

Fange nr. 142 (1904)

Ane Kirstine Sørensen blev født den 31. juli 1882 i Horne, en lille landsby i Vestjylland. Hendes far var både gårdmand og møller, og hendes mor passede hjemmet og børnene.

Ane voksede op på en gård sammen med fire søskende. Da hun var omkring syv år, døde hendes mor. Kort tid efter giftede faderen sig igen og fik syv børn mere med sin nye kone.

Ane gik i den lokale skole og klarede sig gennemsnitligt. Hun var som de fleste piger i området. Allerede som trettenårig begyndte hun at arbejde om sommeren som vogterske.

I 1896 blev Ane konfirmeret i Horne Kirke, og efter det kom hun ud at arbejde som tjenestepige på gårde i nærheden.

I begyndelsen af 1903 mødte hun en tjenestekarl på en gård i Tistrup. De havde et forhold, og hun blev gravid. Han havde lovet hende ægteskab, men da det kom til stykket, trak han sig.

Ane stod alene og valgte at holde graviditeten hemmelig. Hun sagde ikke noget til nogen. Ikke til familien, ikke til arbejdsgiveren, ikke til præsten.

Hun mærkede tidligt i graviditeten, at noget ikke var, som det skulle være. Hun havde løftet nogle tunge spande og følt, at barnet derefter ikke længere bevægede sig.

Den 1. november 1903 fik Ane arbejde som tjenestepige på en større gård ved navn Lindinggård i Thorstrup Sogn. Hun var højgravid, men skjulte det stadig.

Den 28. november 1903 fik hun pludselig stærke smerter i siden. Hun gik i seng, overbevist om, at det ikke kunne være fødslen, for hun troede, der stadig var måneder til.

Men smerterne fortsatte, og til sidst forstod Ane, hvad der var ved at ske. Uden at vække den anden pige på værelset sneg hun sig ud og gik over i laden.

Der, midt i natten, fødte Ane et barn. Hun havde stadig benklæderne på, og barnet blev født indeni tøjet. Hun kunne høre, at det levede.

Gården Lindinggård i Thorstrup. (1913)
(Thorstrup Sognarkiv)

I panik tog hun det ud, bandt et lommetørklæde hårdt omkring dets hals og kvalte det. Derefter svøbte hun liget af barnet ind i sine benklæder og gemte det i sengen.

Næste dag blev Ane i sengen og sagde, at hun var syg. Dagen efter meldte hun sig rask igen og blev sat til at tænde op under den store kedel i bryggerset, hvor der skulle vaskes.

I al stilhed hentede hun barneliget og sine benklæder og brændte det i ilden under kedlen.

Men rygterne begyndte at sprede sig i landsbyen Thorstrup. Folk havde bemærket, at Ane længe havde set gravid ud. Nu var maven pludselig væk, og hun var igen slank.

Der blev snakket, som der gør i små samfund.

Sognepræsten hørte også om sladderen. Han skrev et brev til gårdejeren på Lindinggård og nævnte nænsomt, at folk i byen mente, at tjenestepigen havde været gravid, men at barnet var væk.

Gårdejeren og hans hustru besluttede at tage en snak med Ane. De spurgte hende direkte, om hun havde været med barn og født.

Ane nægtede. Hun holdt fast i, at der ikke var sket noget. De blev enige om, at hun skulle tale med præsten. Også her fastholdt hun sin forklaring. Præsten kendte hende fra konfirmationen og valgte at tro hende.

Han mente, at landsbyens rygter var helt ude af proportioner.

Men gårdejeren var stadig i tvivl. Han tog Ane med til lægen i håb om, at en attest kunne afklare sagen. Lægen fandt dog noget, der ikke stemte.

Ane blev indlagt på sygehuset. Alligevel havde ingen på hospitalet mistanke om, at hun havde født. Efter nogle dages observation blev hun udskrevet og vendte tilbage til gården.

Ane genoptog arbejdet og opførte sig som før. Hun var glad, flittig og deltog endda i det årlige julebal. Der var ikke noget ved hende, der afslørede, hvad hun havde været igennem.

Men snakken i landsbyen fortsatte.

I begyndelsen af januar 1904 kom en politibetjent til Lindinggård. Han ville tale med Ane.

Under forhøret brød Ane sammen og tilstod. Hun fortalte, at hun havde født i hemmelighed og dræbt sit nyfødte barn.

Den 14. marts 1904 blev Ane dømt for barnemord i Øster og Vester Herreders Ekstraret. Straffen lød på to års forbedringshusarbejde for barnemord efter straffelovens paragraf 192.

Landsoverretten i Viborg stadfæstede senere dommen.

Den lokale herredsfoged forsøgte at få Ane benådet, men justitsminister Peter Adler Alberti afviste det.

Ane blev ført til Christianshavns Straffeanstalt den 15. april 1904 for at afsone straffen.

Her beskrev personalet hende som skikkelig og godmodig. Hun var flittig og påpasselig i sit arbejde og viste interesse for undervisningen. Dog blev det vurderet, at hun ikke var særlig opvakt eller udviklet.

Ane Kirstine Sørensen. (Ukendt årstal)
(Privatfoto)

Sognepræsten fra Thorstrup Sogn, som havde konfirmeret hende, skrev til myndighederne. Han havde besøgt hende i fængslet og bad om nåde på hendes vegne. Han mente, at hun havde fortrudt og havde ændret sig.

Den 28. april 1905 blev Ane benådet og løsladt.

Hun vendte hjem til Vestjylland og fik igen arbejde som tjenestepige.

I 1906 var Ane ansat på en gård i Lyne Sogn.

Året efter, den 4. april 1907, blev hun gift med en enkemand ved navn Kristen Kristensen i Sønder Vium Kirke. Det er muligt, at hun tidligere havde arbejdet for ham som husbestyrerinde.

Kort efter brylluppet blev hun gravid og fødte deres første barn i foråret 1908. Siden fik de tre børn mere.

Ane levede resten af sit liv på en gård i Sønder Vium sammen med Kristen og børnene. Hun var hjemmegående og tog sig af familien, mens han drev gården.

Den 15. august 1940 døde hun, 58 år gammel. Hun blev begravet på Sønder Vium Kirkegård.

Ane efterlod sig sin mand og fire børn.

Journalisten

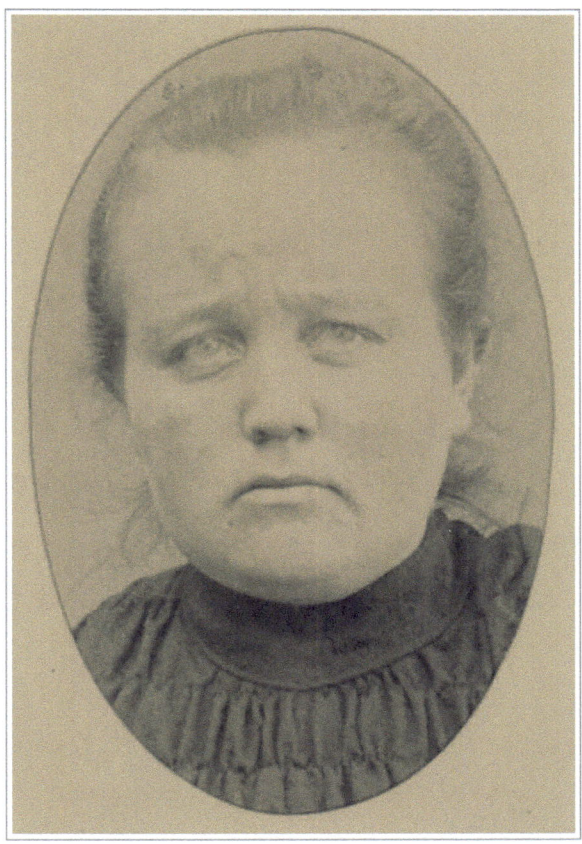

Fange nr. 124 (1904)

Bothilde Kirstine Larsson blev født den 30. oktober 1877 i landsbyen Aalum i Midtjylland. Hendes forældre var arbejdsmand Hans Larsson og Marie Christine Pedersen, og hun voksede op som en af seks søskende.

Da hun var barn, flyttede familien til Ginnerup på Djursland, men livet i det trygge barndomshjem varede ikke ved. Da Bothilde var omkring tretten år, døde hendes far, og moderen blev alene tilbage med børnene i et lille hus tæt ved herregården Skærvad i samme landsby.

I skolen klarede Bothilde sig nogenlunde. Hun blev vurderet som gennemsnitlig, og efter konfirmationen i Ginnerup Kirke i 1891 blev hun sendt ud for at arbejde som tjenestepige. Hun arbejdede på forskellige gårde i nærområdet, men kom i perioder hjem til sin mor.

I 1901 arbejdede Bothilde som mejeripige på en større gård i Ginnerup.

To år senere fik hun et nyt arbejde på Brunsgård i Fårup nær Randers. Her forelskede hun sig i en tjenestekarl ved navn Marius Nielsen. De blev forlovet, men forholdet holdt ikke.

Kort tid efter havde hun et nyt forhold med Jens Jensen Bay, som arbejdede på samme gård. Først senere gik det op for hende, at han allerede var gift.

Og samtidig fandt Bothilde ud af, at hun ventede et barn.

I slutningen af 1903 forlod hun Brunsgård og begyndte at arbejde som tjenestepige hos en gårdejer i Fårup. Gårdens frue bemærkede, at Bothilde var højgravid, og hun fik derfor kun lov at blive til den 7. februar 1904.

To dage før hun skulle rejse, blev Bothilde utilpas og gik tidligt i seng på sit kammer. Hun tog linned og lærred med, i tilfælde af at fødslen gik i gang.

Sent på aftenen fødte hun en pige i sin seng.

Hun lagde pigen tæt ind til sig og lå med hende en stund. Senere rejste hun sig, gik ud i køkkenet og hentede vand.

Haven ved herregården Skærvad. (1943)
(Nørre Djurs Egnsarkiv)

Hun vaskede pigen og lagde sig derefter igen. Så pressede hun sin højre arm hårdt ned over barnets bryst. Den lille pige døde ved kvælning.

Næste morgen skjulte Bothilde liget af pigen i sit skab.

Da hun to dage senere forlod gården, tog hun liget af pigen med hjem til sin mor i hjemmet tæt ved herregården Skærvad.

Elleve dage senere gik hun ned til herregårdens have og kastede det i dammen.

Omkring to måneder senere blev pigens lig fundet. Liget var så medtaget, at retslægen ikke kunne fastslå dødsårsagen.

Liget af pigen blev begravet på Grenå Kirkegård den 17. april 1904.

Selvom der ikke var mange spor, lykkedes det politiet at opklare sagen. Bothilde fortalte, at hun under fødslen havde fået kramper og var besvimet. Da hun vågnede, var pigen død.

Men politiet troede ikke på hendes forklaring.

Under retssagen blev Bothilde beskrevet i hårde vendinger af en journalist fra Randers Arbejderblad. Ifølge ham burde hun ikke sidde i fængsel, men på en anstalt for åndssvage.

Artiklen nævnte, at hun havde haft kramper siden barndommen og i det hele taget var svagelig af sind.

Den 29. juni 1904 blev Bothilde dømt i Nørhald og Omegns Ekstraret. Straffen lød på tre års forbedringshusarbejde for barnemord efter straffelovens paragraf 192.

Den 7. juli 1904 blev Bothilde ført til Christianshavns Straffeanstalt for at afsone straffen.

I begyndelsen blev hun betragtet som påståelig, tarvelig og upålidelig. Med tiden ændrede hendes omdømme sig. Hun blev beskrevet som mere godmodig og stabil, men modtog stadig advarsler for dårlig opførsel.

Bothilde blev blandt andet irettesat for sjusket arbejde og for at have stoppet et afløbsrør til. Ved én lejlighed fik hun ti timers straf i mørk celle på grund af løgnagtig adfærd.

Den 4. december 1905 blev Bothilde benådet og løsladt efter kongelig underskrift.

Efter løsladelsen vendte Bothilde tilbage til Midtjylland. Hun arbejdede blandt andet som husbestyrerinde i Skjød ved Randers og senere i Ørridslev nær Horsens.

Den 2. februar 1945 døde Bothilde af nyrebetændelse. Hun blev 67 år gammel.

Bothilde blev aldrig gift og fik ikke flere børn.

Søstrene

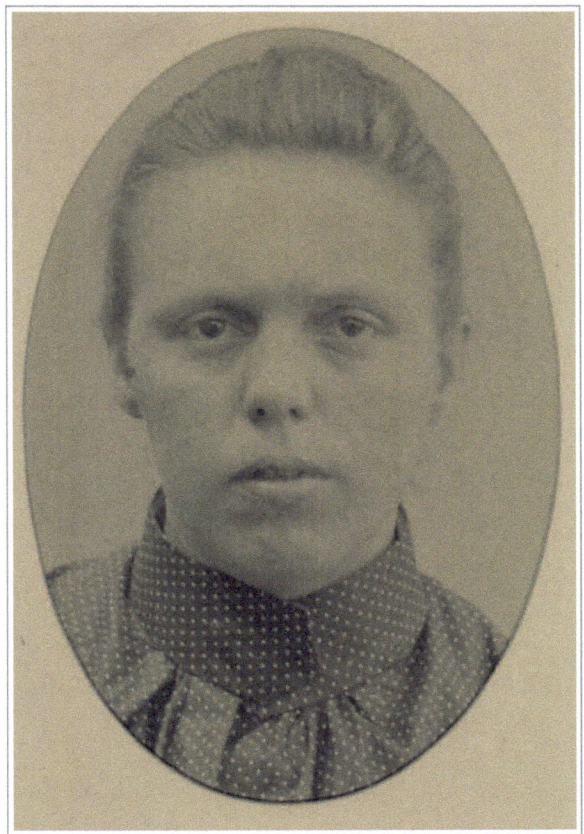

Fange nr. 130 (1904)

Nielsine Margrethe Oline Nielsen blev født den 14. december 1878 i Glostrup. Hendes forældre var husmand Hans Nielsen og Ane Kirstine Larsen, og hun voksede op som en del af en børneflok på fem.

Alle børnene gik i den lokale landsbyskole. Hendes far havde perioder, hvor han drak for meget, og det prægede hjemmet.

Nielsine havde fra fødslen en hofteskade, der gjorde, at hun haltede en smule.

I 1893 blev Nielsine konfirmeret i Glostrup Kirke. Hun blev boende hjemme, lærte sig selv at sy og begyndte at arbejde som dameskrædder.

Året efter tog livet en voldsom drejning. Hendes far tog sit eget liv ved hængning, og i sensommeren 1898 døde hendes mor. Pludselig stod Nielsine alene i verden og måtte klare sig selv.

Hun flyttede til København og fik arbejde som syerske.

I forsommeren 1902 begyndte hun at se en bagersvend. Et år senere blev hun gravid. Hun nævnte det én gang for ham, men han reagerede ikke, og de talte aldrig om det igen.

Graviditeten skjulte Nielsine for alle andre.

Senere flyttede hun hjem til sin yngre søster og hendes mand i Glostrup.

Tidligt om morgenen den 15. februar 1904 vågnede Nielsine og havde det dårligt. Hun havde brug for at komme på toilet, tog noget tøj på og gik ud i gården. Men hun nåede aldrig frem.

Hun faldt om på gårdspladsen og fødte dér en lille dreng. Han blev liggende i hendes underbenklæder.

Nielsine råbte ikke på hjælp, selv om der var folk i huset, der kunne have hørt hende. Hun havde ikke regnet med at føde allerede. Hun troede, der var en hel måned endnu.

Da hun lå der på jorden og mærkede liv i drengen, fik hun en indskydelse. Hun stak hænderne ned og kvalte ham.

Derefter gik Nielsine ud på lokummet, pakkede liget af drengen ind i sine underbenklæder og tog det med ind.

Først gemte hun det i en gammel natstol. Efter et par timer lagde hun det i sin seng og lagde sig selv til at hvile.

Hendes søster opdagede blodspor og begyndte at spørge. Hun spurgte ikke, om barnet havde levet, men hun ville vide, hvor det var.

Nielsine sagde, at hun havde født, og at barnet var dødt.

Sammen besluttede de, at søsteren skulle tage liget af drengen med til København og skaffe det af vejen.

Sølvgade 105 (til højre) i København (Ukendt årstal)
(Kbh. Billeder)

Søsteren tog til en lejlighed i Sølvgade 105 og skjulte liget af drengen blandt affald i et lille rum i kælderen.

Allerede dagen efter blev barneliget fundet af skraldemænd. Politiet blev tilkaldt, men havde i starten ikke meget at gå efter.

En overbetjent i Glostrup hørte dog rygter fra naboer om, at Nielsine kunne være involveret. Han valgte at afhøre hende.

Under forhøret indrømmede hun, at det var hendes barn, der var blevet fundet i København. Hun sagde, at barnet var dødfødt, og at hun selv havde rejst til byen for at fjerne det.

Nielsine fortalte ikke, at hun havde kvalt drengen eller at det faktisk var hendes søster, der havde skjult liget.

Hun sagde, at fødslen var kommet alt for tidligt, og at det aldrig havde været hendes plan at føde i hemmelighed.

Politiet afhørte også søsteren. Hun sagde, at hun ikke vidste noget. Hun havde set blod, men Nielsine havde sagt, det skyldtes et slag mod sengen.

Politiet troede ikke på forklaringen.

De afhørte Nielsine igen, og denne gang fortalte hun hele sandheden. Søsteren blev afhørt på ny og tilstod også sin rolle.

Hun blev sat i celle ved siden af Nielsine og sigtet for medvirken. Hun forklarede senere, at hun havde været ulykkelig over Nielsines situation og ville forsøge at redde hende fra fængsel ved at skjule liget af drengen. Hendes mand vidste intet om, hvad der var sket.

Den 7. juni 1904 blev Nielsine dømt i Københavns Amts Søndre Birks Ekstraret. Straffen lød på tre års forbedringshusarbejde for barnemord efter straffelovens paragraf 192.

Den 11. juni 1904 blev Nielsine ført til Christianshavns Straffeanstalt for at afsone straffen.

I fængslet blev hun beskrevet som stille, beskeden og med erkendelse af sin handling.

Den 7. august 1905 blev Nielsine løsladt før tid. Hun var blevet benådet af kongen, og ved løsladelsen fik hun 20 kroner af kronprinsen.

Nielsine blev boende i København og arbejdede igen som syerske

Omkring slutningen af 1908 havde hun et nyt forhold og blev gravid igen. Denne gang fødte hun på Den Kongelige Fødselsstiftelse og beholdt barnet.

Senere flyttede hun ind hos arbejdsmand Karl Andreas Bergmann i en lejlighed i Saxogade. I 1916 fik de deres første fælles barn, og i årene efter kom tre børn mere til verden.

De levede som en familie, selv om de først blev gift i november 1928.

Familien flyttede en del, men blev i København. Karl arbejdede blandt andet på Grønttorvet, men var også arbejdsløs i perioder. Nielsine gik hjemme og passede børnene.

Den 6. marts 1947 døde Nielsine på Blegdamshospitalet. Seks dage senere blev hun begravet på Vestre Kirkegård. Hun blev 68 år.

Nielsine efterlod sig sin mand og fem børn.

Komfuret

Fange nr. 120 (1904)

Eleonora Amalie Marie Andersen blev født den 1. november 1882 i Øerne ved Tikøb i Nordsjælland. Hun voksede op med sine to søskende i et hjem fyldt med både varme og svære vilkår.

Da hun var bare et år gammel, mistede hun sin far. Moderen giftede sig senere med en arbejdsmand og forsøgte at holde familien samlet.

Som mange unge piger dengang blev Eleonora sendt ud for at arbejde som tjenestepige efter konfirmationen.

I slutningen af år 1900 rejste Eleonora til København, hvor hun arbejdede som tjenestepige. Her lærte hun også at sy, og hun klarede sig godt.

Hun havde et nogenlunde godt helbred, men blev alligevel i perioder indlagt på Kommunehospitalet, fordi hun led af en lungesygdom.

I starten af 1903 mødte Eleonora en mand og blev gravid. Hun fortalte det kun til ham og holdt det skjult for alle andre.

Senere på året flyttede hun til et andet sted i København, hvor ingen kendte hendes situation. I februar 1904 forlod hun sit arbejde som tjenestepige og fik lov til at bo hos sin veninde, mens venindens familie var væk.

En dag stod Eleonora alene i lejligheden i Nørregade 49 og vaskede op i køkkenet. Pludselig begyndte fødslen. Uden hjælp og uden meget smerte fødte hun en dreng.

Hun stod der med drengen i armene og traf i panik en tragisk beslutning. Hun greb ham hårdt om halsen. Da hun hørte en lyd fra trappen, kastede hun ham ind under vasken af frygt for at blive opdaget.

Ingen kom. Eleonora tog drengen op igen og så, at han stadig bevægede sig. I ren desperation tog hun sin lommekniv og skar hans hals over.

Eleonora lagde liget af drengen ind i komfuret og tændte op. Et par dage senere fandt de faste beboere i lejligheden det forkullede barnelig, da de skulle rense komfuret.

Halsen var skåret over på drengen. Der var ingen tvivl om, hvad der var sket.

Nørregade 49-51 i København. (Ukendt årstal)
(Det Kongelige Bibliotek)

Politiet fandt hurtigt frem til Eleonora.

Hun var blevet indlagt på Kommunehospitalet igen på grund af sin lungesygdom. Så snart hendes tilstand tillod det, blev hun ført til arresten.

Den 3. september 1904 blev hun dømt for barnemord i Københavns Kriminal- og Politiret. Hun fik tre års forbedringshusarbejde for barnemord efter straffelovens paragraf 192.

Eleonora blev ført til Christianshavns Straffeanstalt for at afsone straffen.

I fængslet blev Eleonora beskrevet som barnlig, forfængelig og forkælet af sin mor. Hun fik flere advarsler for at bryde reglerne, og det blev noteret, at fængslet næppe ville ændre på hende.

Men allerede engang i begyndelsen af august 1905 blev Eleonora løsladt. Hun havde fået en benådning fra kongen.

Kort tid efter blev Eleonora gravid igen, og i slutningen af 1906 fødte hun et barn på Den Kongelige Fødselsstiftelse i København.

Hun arbejdede i mange år som husbestyrerinde for Adolf Johannes Wrage, og hendes barn boede sammen med dem.

I slutningen af 1920erne flyttede Eleonora og hendes barn til Hillerød, og boede der i nogle år.

I 1930erne blev hun kæreste med Eiler Carlo Christian Kaj From. De blev gift den 20. oktober 1938 på Københavns Rådhus. De fik ingen fælles børn.

Eleonora døde den 13. april 1961 i København. Hun blev 78 år.

Eleonora efterlod sig sin mand og sit barn.

Fortrydelsen

Fange nr. 155 (1904)

Ingrid Sofie Lauritzen blev født den 20. marts 1886 i Trustup, en lille landsby tæt på Lyngby på Djursland. Hendes far var kalkbrænder Jens Lauritzen og hendes mor hed Ane Mette Jensen.

Ingrid voksede op i en stor sammenbragt familie med fem søskende. Fire af dem var fra farens første ægteskab. Da hun var omkring ti år, mistede hun sin mor. Kort tid efter begyndte hun at arbejde som bypige, samtidig med at hun gik i skole.

Som 13-årig var barndommen reelt slut. Efter konfirmationen blev hun sendt ud for at arbejde som tjenestepige. Først i Trustup, senere hos en gæstgiver i Grenaa. Til sidst flyttede hun til Aarhus.

En aften efter et pinsebal ændrede alt sig. På vej hjem mødte hun en handelslærling, som arbejdede hos købmanden i området. De talte sammen. Han forførte hende ude på en mark.

Ingrid var kun 17 år. Forholdet blev kort, men det fik konsekvenser. Da sommeren var slut, forsvandt han uden et ord. Hun hørte aldrig fra ham igen.

I november 1903 fik Ingrid arbejde som tjenestepige hos handelsagent Acton Kjær på Marselisborg Allé 9 i Aarhus.

Det var dér, hun efter nogle måneder fandt ud af, at hun var gravid. Hun forsøgte at opspore barnets far, men uden held.

Ingen omkring Ingrid vidste noget om hendes graviditet. Hun holdt det hele hemmeligt. Hun gik alene med frygten og maven, der voksede dag for dag.

Den 13. marts 1904 var hun alene hjemme, da hun fik voldsomme mavesmerter. Hun forstod ikke, at det var veer.

Smerterne blev værre. Hun gik ned i kælderen, hvor hendes værelse lå, og lagde sig i sengen. Mellem halv seks og seks om aftenen fødte hun en dreng. Fødslen var overstået hurtigt, men det der skete bagefter, kom til at ændre alt.

Ingrid rejste sig op. Hun var bange, rystet og i chok. I ren panik greb hun fat i drengens ene ben og slog hans hoved mod kanten af en kakkelovn.

Drengen døde ikke med det samme. Han trak stadig vejret. Ingrid fortrød med det samme og lagde ham tættere på sig i sengen.

Senere den aften kom husfruen hjem. Hun gik ned mod pigekammeret og ville ind. Ingrid nægtede at åbne døren. Husfruen mærkede, at noget var galt, og insisterede.

Da hun trådte ind, så hun blod over det hele. Ingrid lå i sengen med den lille dreng. Han var stadig i live, selvom den ene side af hans hoved var knust.

Politiet blev tilkaldt. Ingrid sagde først, at barnet var faldet ud af sengen. Men skaderne var for alvorlige til, at det kunne passe.

Politiet ledte efter de manglende dele af barnets hoved, men fandt dem ikke. Ingrid tilstod. Hun fortalte, at hun havde brændt resterne og noget blodigt papir i kakkelovnen.

En læge blev tilkaldt og konstaterede, at drengen ikke ville overleve. En præst kom. Barnet blev døbt Jens Lauritzen, opkaldt efter Ingrids far.

Drengen døde samme aften. Han blev kun fem timer gammel. Den 18. marts blev han begravet på Sankt Pauls Kirkegård i Aarhus.

En måned senere, den 13. april 1904, blev Ingrid dømt for barnemord. Retten idømte Ingrid halvandet års forbedringshusarbejde for barnemord efter straffelovens paragraf 192.

Politiet fandt også frem til barnets far. Han arbejdede på Holmegaard Glasværk, men var allerede på vej til at rejse til USA.

Den 20. april 1904 blev Ingrid ført til Christianshavns Straffeanstalt for at afsone straffen.

I begyndelsen var hun stille og indesluttet. Hun viste ingen tegn på anger. Men med tiden ændrede hendes opførsel sig. Hun blev mere livlig og åben.

Den 19. april 1905, et år senere, blev Ingrid løsladt.

Omkring 1910 havde Ingrid et forhold til en arbejdsmand ved navn Kristian Andersen. Hun blev gravid igen og fødte et barn i efteråret 1911 i Homå nær Grenaa.

Denne gang valgte hun at beholde barnet.

I 1913 flyttede hun til Grenaa og ind hos sin søster Ane, der drev et pensionat. Ingrid hjalp til med driften.

Hendes barn voksede op hos dem og blev boende, indtil han som voksen flyttede hjemmefra.

Ingrid blev i Grenaa resten af livet. Hun arbejdede som tekstilarbejderske og blev aldrig gift.

Den 25. oktober 1943 døde hun, 57 år gammel. Seks dage senere blev hun begravet på Grenaa Kirkegård.

Ingrid efterlod sig et barn.

Terminen

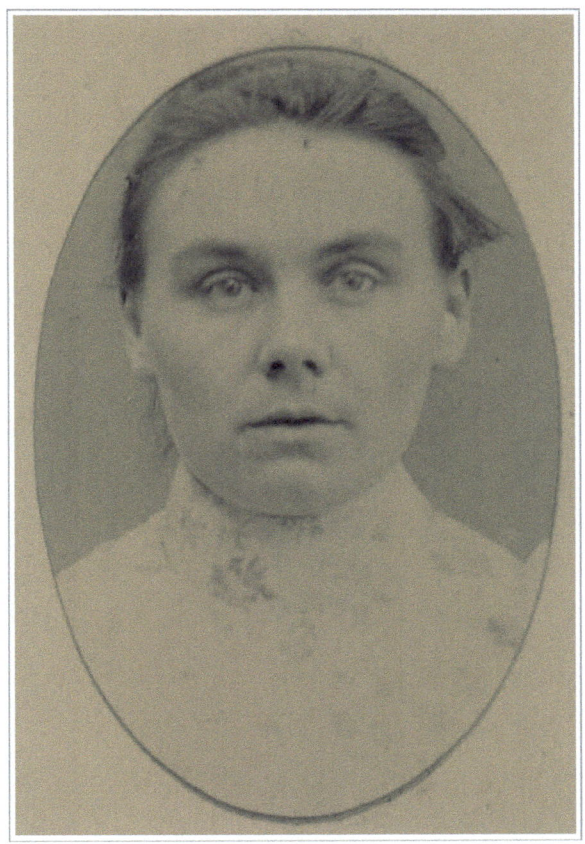

Fange nr. 122 (1904)

Maren Kirstine Jensen blev født den 16. november 1877 i Gislinge i Nordsjælland. Hun var datter af arbejdsmanden Niels Jensen og hans kone, Ane Kirstine Pedersen.

Familien bestod af i alt ni personer, og Maren voksede op sammen med sine seks søskende.

I landsbyskolen klarede Maren sig nogenlunde. Hendes færdigheder blev betragtet som almindelige. Da hun blev 10 år gammel, blev hun sendt ud for at arbejde som tjenestepige.

I 1892 blev Maren konfirmeret i Gislinge Kirke, og hun arbejdede periodisk som tjenestepige i Holbæk og omegn. Men hun boede også hjemme i flere år og arbejdede som syerske.

I 1896 fik Maren et barn, men barnet døde som lille.

I slutningen af 1897 blev hun gravid igen og fødte et barn i København i sommeren 1898. Barnet blev sendt i pleje hos hendes forældre i Gislinge.

I 1899 blev Maren i retten dømt for tyveri og fik en straf på 20 dages fængsel.

I 1901 boede hun igen hos sine forældre, og hendes barn var også i pleje der.

Maren begyndte at arbejde som tjenestepige på en gård nær Gislinge, og i slutningen af 1902 blev hun forlovet med en tjenestekarl og blev i 1903 gravid igen.

Parret aftalte, at hun skulle stoppe med at arbejde den 1. maj 1904 og leje et værelse i Holbæk, hvor hun kunne bo.

Efter fødslen planlagde hun at arbejde som syerske og begyndte at sy tøj til det kommende barn.

Maren havde regnet med, at hun ville føde i maj. Hun skulle være stoppet med arbejdet på gården og have flyttet ind i Holbæk.

Men det kom som en stor overraskelse, at fødslen allerede gik i gang den 25. april 1904. Maren sagde til de andre på gården, at hun havde hovedpine og gik op på sit værelse.

Om eftermiddagen fødte hun en pige i sengen, uden de store smerter. Hun lod pigen ligge under dynen og svøbte hende ind i et sjal for at kvæle hende, uden at se på hende.

Gårdens husholderske fandt senere den nyfødte piges lig i sengen.

Liget af pigen blev efter obduktionen begravet den 1. maj 1904 på Merløse Kirkegård.

Den 11. juni 1904 blev Maren dømt i Merløse-Tuse Herreders Ekstraret og fik fem års forbedringshusarbejde for barnemord efter straffelovens paragraf 192.

Landsoverretten i København nedsatte straffen til tre år den 12. juli 1904.

Maren blev ført til Christianshavns Straffeanstalt den 19. juli 1904 for at afsone straffen.

I fængslet blev Maren beskrevet som skikkelig, lidt klynkende, men flittig ved arbejdet. Hendes opførsel var god, og hun viste stor interesse for undervisningen.

Et brev fra hendes far bad om, at hun måtte blive benådet. Forældrene var dybt rørte over hendes forbrydelse og mente, at en benådning ville have en gavnlig virkning på hende.

Maren blev løsladt den 4. oktober 1905, efter at en benådning var underskrevet af den daværende konge.

Efter løsladelsen arbejdede Maren som tjenestepige i Holbæk og omegn. I slutningen af 1906 blev hun gravid for fjerde gang, og i slutningen af sommeren 1907 fødte hun et barn i Holbæk.

Faderen var arbejdsmanden Max Gunnar Overskov Hansen. Maren, Max og deres barn flyttede til en lejlighed i København.

Den 1. maj 1910 blev parret gift i Sankt Lukas Kirke i København, og nogle måneder senere fik de endnu et barn.

Familien boede i en lejlighed på Baggesens Gade i København og senere i Vesselsgade. Max arbejdede som arbejdsmand, og Maren arbejdede som rengøringskone.

Den 28. januar 1953 døde Maren i en alder af 75 år i København.

Maren efterlod sig sin mand og tre børn.

Svogeren

Fange nr. 149 (1904)

Ane Marie Rasmussen blev født den 25. december 1880 i den lille landsby Fangel på Fyn. Hun var datter af smeden Jørgen Rasmussen og hans hustru, Anne Kristensen.

Ane Marie voksede op i en stor børneflok sammen med ni søskende.

Hjemmet var præget af hårdt arbejde, men også af fællesskab og varme. Faderen arbejdede som smed, og familien var en del af det nære lokalsamfund, hvor alle kendte hinanden.

I skolen var Ane Marie en gennemsnitlig elev, og hun blev konfirmeret i 1894 i Fangel Kirke. Kort tid efter blev hun sendt ud for at arbejde som tjenestepige på gårde i området. Det var hårdt arbejde, men noget, hun var vant til, og som hun kunne klare.

I 1900 flyttede Ane Marie til Veflinge Sogn, hvor hun fortsatte arbejdet som tjenestepige. Senere flyttede hun til Vejle Sogn på Fyn, og her mødte hun Peter Henriksen.

Et forhold udviklede sig mellem dem, men det skulle få tragiske konsekvenser. Peter var nemlig gift med Ane Maries søster, og da Ane Marie blev gravid, var det en skæbnesvanger hemmelighed.

Beregningerne viste, at barnet ville blive født i slutningen af juli 1904.

Både Ane Marie og Peter arbejdede hårdt, mens Ane Maries søster var syg. Hendes liv, der hidtil havde været præget af ansvar og pligt, blev nu langt mere kompliceret.

Den 1. november 1904 forlod Peter og hans hustru gården og rejste til Odense. Ane Marie fandt arbejde som tjenestepige på gården Vestergård hos sognerådsformanden Niels Theodor Jørgensen. Det var stadig i Vejle Sogn.

Her forsøgte hun at skjule sin graviditet og forklarede sine forandringer med sygdom.

Hendes mor begyndte at ane, hvad der kunne være sket, og spurgte hende direkte, om hun var gravid, men Ane Marie benægtede det kraftigt.

Gården Vestergård i Vejle Sogn. (1954)
(Danmark Set Fra Luften)

Mandag den 30. maj 1904, efter middagsmaden, følte Ane Marie sig svag og gik op på sit værelse. Kort tid efter fødte hun en dreng. Det var en oplevelse, der ville ændre hendes liv.

I panik og desperation greb Ane Marie ham om halsen og forsøgte at sikre sig, at han var død. Hun slog hans hoved mod sengekanten og svøbte liget af drengen i linned, som hun gemte i sengen.

Efterfølgende gik hun ud og lavede kaffe til gårdens folk, der var på vej til markarbejde. En af karlene bemærkede, at hun så syg ud, men hun forklarede, at hun havde det dårligt og gerne ville hvile sig lidt.

Om aftenen lavede hun som sædvanlig mad til husstanden.

Tidligt næste morgen gravede Ane Marie liget af drengen ned i tørvekulen og dækkede det med jord. Hun satte en tom cementfustage over graven for at skjule sporene og vendte tilbage til sine daglige pligter.

To dage senere, om onsdagen, overvejede hun at grave barnet op og tage det med til sine forældre, der boede få kilometer fra gården, men hun kunne ikke få sig selv til det.

Om torsdagen besøgte Ane Marie forældrene i Fangel Sogn. Hendes mor lagde mærke til hendes forandrede udseende og begyndte at få mistanke om, at noget var helt galt.

Først søndag fortalte moderen om sine bekymringer til sin mand og svigersønnen Peter, som var på besøg i et par dage for at hjælpe med at skære tørv.

Peter vidste, at han var far til barnet, men han var også gift med Ane Maries søster. Mandag aften, efter at svigerforældrene var faldet i søvn, tog han hen til Ane Marie for at tale med hende.

Ane Marie stod og ventede på ham ved gærdet foran gården. Hun havde en fornemmelse af, at han ville komme. Hun kunne ikke bære hemmeligheden længere og fortalte ham, hvad der var sket.

Peter blev chokeret. Han truede med at gå til politiet, men Ane Marie, overvældet af skyld og angst, sagde, at han gerne måtte gøre det. Dybest set ønskede hun selv, at sandheden kom frem.

Allerede næste morgen gik Peter til hendes far og fortalte alt, også at han var far til barnet.

Ane Maries far underrettede sognefogeden, og kort efter kontaktede sognefogeden politiet. Om aftenen blev Ane Marie anholdt.

Hun blev ført til stedet, hvor drengen var begravet, og liget blev gravet op og sendt til obduktion på Fåborg Sygehus. Ane Marie blev indsat i Fåborg Arrest.

Under afhøringen forklarede Ane Marie, at hun havde ventet barnet tre uger længere og ikke havde haft nogen planer om at føde i hemmelighed eller skade barnet.

Ane Marie beskrev sine handlinger som et resultat af frygt og desperation.

Hendes arbejdsgiver, der betragtede hende som en dygtig og ansvarlig tjenestepige, havde svært ved at forstå, hvad der var sket.

Ane Maries forældre var dybt rystede og kunne ikke forstå, at deres datter havde været involveret i en sådan tragedie.

Liget af drengen blev obduceret og begravet den 10. juni 1904 på Assistens Kirkegård i Fåborg.

Den 1. juli 1904, efter sagens behandling i Salling Herreds Ekstraret, blev Ane Marie dømt. Straffen lød på to års forbedringshusarbejde for barnemord efter straffelovens paragraf 192.

Ane Marie blev ført til Christianshavns Straffeanstalt for at afsone straffen.

Mens hun sad fængslet i Christianshavns Straffeanstalt, viste Ane Marie tydeligt, at hun fortrød det, hun havde gjort. Hun blev beskrevet som både fornuftig og venlig, og hendes opførsel var eksemplarisk.

Ane Marie blev benådet og løsladt den 5. april 1905.

Efter løsladelsen vendte Ane Marie tilbage til Fyn og arbejdede som tjenestepige i Allested Sogn.

Den 4. december 1909 blev hun gift med arbejdsmanden Niels Andersen i Allested Kirke. De fik et barn i begyndelsen af 1911, og Ane Marie levede et stille liv som husmoder. Først i Allested, senere i Vejle Sogn, mens hendes mand arbejdede på teglværket og senere som vejmand.

Den 22. april 1952 døde Ane Marie, 71 år gammel, i Vejle Sogn på Fyn. Hun blev begravet fire dage senere på kirkegården i samme sogn.

Ane Marie efterlod sig sin mand og et barn.

Mistanken

Fange nr. 111 (1904)

Petra Hansine Elisabeth Larsen blev født den 5. februar 1880 i landsbyen Birketved på Fyn. Hendes mor, Anna Sophie Pedersen, var ugift, og faren, tjenestekarlen Peder Larsen, havde ingen kontakt med Petra.

To år efter Petras fødsel giftede moren sig med arbejdsmand Lars Peder Nielsen.

Petra voksede op i en sammenbragt familie med sin mor, stedfar og fire halvsøskende. De boede først i Vindinge, men flyttede senere til Nyborg.

I 1894 blev Petra konfirmeret, og arbejdede derefter som tjenestepige flere steder, både på Fyn og Sjælland.

I begyndelsen af 1899 blev Petra gravid. Hun fødte en pige i Nyborg i løbet af efteråret. Faren var møllersvenden Frederik Peter Frederiksen. Barnet kom ikke til at bo hos Petra, men blev anbragt hos en plejefamilie i Odense. Barnefaren betalte for opholdet.

Petra arbejdede videre som tjenestepige, og i 1901 var hun ansat på en gård i Aunslev tæt ved Nyborg. Sidst i 1903 fik hun arbejde på en anden gård, denne gang i Usserød ved Hørsholm.

Her havde Petra et forhold til en svensk tjenestekarl. De holdt kontakten via breve, da Petra i begyndelsen af 1904 flyttede til Odense, men forholdet ebbede ud, da han rejste hjem til Sverige i foråret samme år.

Petra fik arbejde på gården Risingsminde lidt uden for Odense. Hun var igen blevet gravid og fortalte det til gårdejerens hustru, men sagde, at hun først ventede barnet sidst på året, når hun alligevel skulle holde op med at arbejde.

Men allerede om aftenen den 20. september 1904 fik Petra stærke smerter. Hun forstod, at fødslen var i gang. Hun havde besluttet sig for, at hun ikke kunne tage sig af barnet.

Den nat fødte hun en lille pige alene på sit værelse. Kort efter stak hun to fingre i pigens mund og hals, og barnet døde hurtigt af skaderne som hendes mor havde påført hende.

Gården Risingsminde lidt udenfor Odense. (1951)
(Danmark Set Fra Luften)

Petra gemte liget af pigen i sin kuffert og gravede hende efter nogle dage ned i haven.

Hun havde mærket, at folk begyndte at kigge på hende med mistanke, så hun forlod gården og rejste til Nyborg.

Gårdejeren hustru havde allerede bemærket forandringer i Petras krop og opførsel og mistænkte, at Petra havde født i hemmelighed. Hun og hendes mand tog til Odense for at hente en læge eller en jordemoder.

Men da de vendte tilbage sent om aftenen, var Petra væk. De fandt ud af, at hun havde været til bal i Odense og derfra var taget videre til sin familie i Nyborg.

Politiet blev tilkaldt.

Otte dage senere blev Petra anholdt i Nyborg. Hun tilstod, at hun havde født en pige og kort tid efter dræbt hende.

Politiet fandt liget af pigen begravet i haven ved Risingsminde.

Den 8. november 1904 blev Petra dømt i retten i Odense. Hun fik fem års forbedringshusarbejde for barnemord efter straffelovens paragraf 192.

Den 12. november 1904 blev Petra ført til Christianshavns Straffeanstalt for at afsone straffen.

I fængslet blev Petra beskrevet som en kvinde, der opførte sig ordentligt og gjorde sig umage. Hendes opførsel blev betragtet som tilfredsstillende.

Allerede den 4. december 1905 blev Petra benådet af kongen og løsladt før tid.

Efter løsladelsen flyttede Petra tilbage til Fyn.

I 1906 boede hun i Odense og arbejdede som tjenestepige. I sommeren 1907 blev hun igen gravid, og i foråret 1908 fødte hun et barn, der døde tre måneder senere.

Kort efter blev hun gravid endnu en gang. I vinteren 1909 fødte hun tvillinger. Den ene blev født død, og den anden døde samme dag. Faren til tvillingerne var pottemageren Holger Hansen.

Petra blev boende i Odense i mange år og arbejdede fortsat som tjenestepige og husassistent.

Sidst i 1920'erne flyttede hun til Veflinge ved Søndersø, hvor hun arbejdede som husbestyrerinde for en enkemand.

Senere flyttede hun til Ørslev mellem Middelfart og Assens, hvor hun arbejdede som husassistent.

Petra blev aldrig gift.

Hun døde den 14. december 1952, 72 år gammel, på Amtssygehuset i Assens. Syv dage senere blev hun begravet på Ørslev Kirkegård.

Petra efterlod sig ét barn.

Fotografen

Fange nr. 135 (1905)

Johanne Nielsen blev født den 20. februar 1883 i Jelling i Sydjylland. Hendes far, Julius, var karetmager, og hendes mor hed Dorothea Christiansen.

De fik kun dette ene barn, for da Johanne var omkring tre år, døde moderen. Tre år senere giftede faderen sig igen og fik fire børn med sin nye hustru.

Som barn klarede Johanne sig godt i skolen. Hun blev vurderet som dygtig og lærenem, og i 1897 blev hun konfirmeret i Jelling Kirke. Efter konfirmationen begyndte hun at arbejde som medhjælper hos fotografer i Jelling, Skanderborg og Grenaa.

I begyndelsen af sommeren 1904 deltog hun i en skovfest i Grenaa. Det var første gang, hun var sammen med en mand, og det blev et kort og flygtigt forhold. Hun så ham aldrig igen.

Johanne blev gravid. Hun var ung og alene og blev overvældet af skam og sorg. I hemmelighed planlagde hun at skjule graviditeten og rejse til København, når fødslen nærmede sig.

En læge i Aarhus fortalte hende, at fødslen var tæt på. Han anbefalede, at hun blev indlagt. Men Johanne tog toget til København den 24. februar 1905.

Hun var alene i kupeen. Da toget kørte forbi Ryomgård, begyndte veerne. Hun tog noget af sit tøj af og gik ud på toilettet. Her fødte hun en dreng.

Johanne prøvede at rydde op efter fødslen så godt, hun kunne, og svøbte drengen ind i noget tøj. Men da han begyndte at græde og blev urolig, blev Johanne grebet af panik. Hun vidste ikke, hvad hun skulle gøre, og så traf hun en tragisk beslutning:

Med sin lommekniv skar hun halsen over på den lille dreng.

Da hun ankom til København, havde hun liget af drengen med sig. Hun købte en taske, lagde det i den og afleverede tasken i jernbanegarderoben. Derefter blev hun i byen.

Nogle dage senere opsøgte hun en jordemoder, fordi hun havde det fysisk dårligt.

Til jordemoderen fortalte hun en opdigtet historie: at hun var stået af toget i Vejle, havde født et dødfødt barn på et hotel og selv havde begravet det på kirkegården i nattens mulm og mørke, inden hun rejste videre.

Jordemoderen lod hende overnatte og tilkaldte en læge næste morgen. Han tvivlede på hendes forklaring og sørgede for, at hun blev indlagt på Den Kongelige Fødselsstiftelse.

Politiet blev kontaktet, og sagen blev undersøgt nærmere.

De gennemgik kirkegården i Vejle grundigt, men fandt intet barn, der var begravet på ulovlig vis.

Johanne tilstod. Hun fortalte, at hun havde dræbt drengen og gemt det i en taske på Hovedbanegården.

Da politiet hentede tasken og åbnede den, var lugten af barneliget meget ubehagelig.

Den 3. juni 1905 blev Johanne dømt i Københavns Kriminal- og Politiret. Hun fik to og et halvt års forbedringshusarbejde for barnemord efter straffelovens paragraf 192.

Johanne blev ført til Christianshavns Straffeanstalt den 6. juni 1905 for at afsone straffen.

I fængslet blev Johanne beskrevet som værende sympatisk og angrende.

Den 7. august 1905 blev Johanne benådet og løsladt. Kongen havde underskrevet benådningen.

Efter løsladelsen gik hun tilbage til det, hun kendte. Hun arbejdede som fotografmedhjælper, blandt andet i Aalborg.

Johanne med mand og det ældste barn. (1913)
(Hinnerup Egnsarkiv)

I slutningen af 1906 flyttede hun til Hinnerup nær Aarhus. Her havde hun sit eget fotografiske atelier, som hun drev fra 1906 til 1924.

I 1907 begyndte hun et forhold til en vognmand, Mads Johansen. Hun blev gravid igen og fødte et barn i efteråret 1909.

Den 21. december 1909 blev parret gift i Haldum Kirke.

Mads arbejdede som vognmand, og Johanne fortsatte med at fotografere. De havde ansat en ung pige til at hjælpe i hjemmet og med barnet.

Parrets andet barn kom til verden i efteråret 1925. Johanne tog sig nu af hjemmet og børnene.

I 1953 døde Mads, og Johanne blev enke.

Gravsten på Haldum Kirkegård. (Ukendt årstal)
(Hinnerup Egnsarkiv)

Mod slutningen af livet boede Johanne på plejehjemmet Skovbrynet i Hinnerup. Her døde hun den 1. januar 1972, 89 år gammel. Hun blev begravet på Haldum Kirkegård.

Johanne efterlod sig to børn.

Sømanden

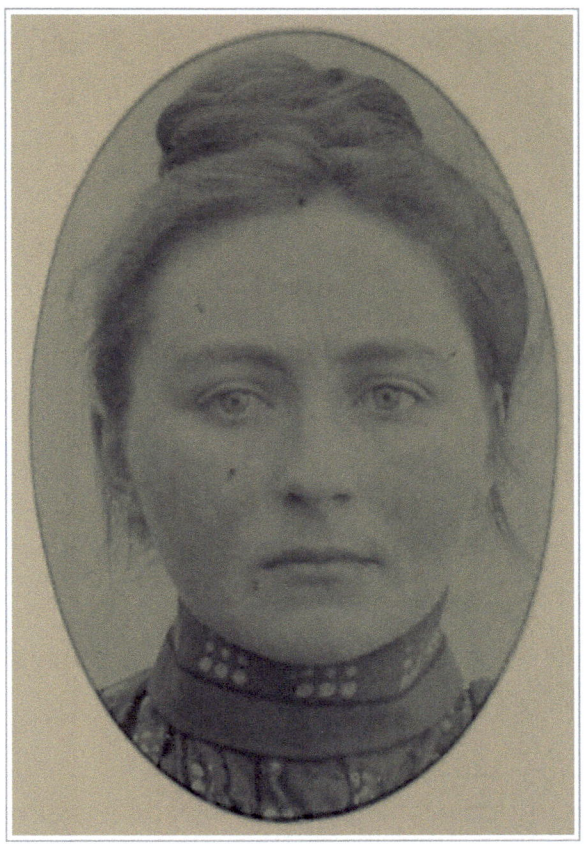

Fange nr. 116 (1905)

Christine Poulsen blev født den 4. november 1878 på fattiggården i Hee, Vestjylland. Hun var datter af den ugifte Frederikke Poulsen og en udlagt barnefader, Niels Jensen, som hun aldrig fik kontakt med.

De første år af sit liv boede Christine sammen med sin mor på fattiggården, før hun kom til en plejefamilie i No, også i Vestjylland.

Allerede som tiårig måtte hun arbejde som vogterske om sommeren. I landsbyskolen klarede hun sig nogenlunde, og hendes evner blev anset som ganske almindelige.

Christine blev konfirmeret i No Kirke i 1893, og kort efter blev hun sendt ud for at arbejde som tjenestepige. I årene der fulgte, arbejdede hun på flere gårde, blandt andet i Horsens, Esbjerg og på Langeland.

I 1903 fødte Christine et barn, som senere blev sat i pleje hos en familie i Skejby, tæt på Aarhus.

I sommeren 1904 mødte hun en sømand, og de begyndte et forhold, som hurtigt resulterede i endnu en graviditet.

For Christine var det en stor udfordring. Hvordan skulle hun kunne forsørge endnu et barn. Hun havde allerede økonomisk ansvar for sit første barn.

I desperation besluttede Christine at føde i hemmelighed. Hvis barnet blev levendefødt, ville hun ikke kunne håndtere situationen og havde i stedet tænkt sig at dræbe barnet.

I begyndelsen af 1905 arbejdede Christine som tjenestepige hos en købmand i Rudkøbing.

En aften i marts, da hun gik i seng på sit pigekammer, mærkede hun, at fødslen var i gang. Hun forlod sengen og gik ned på lokummet, hvor hun fødte en pige, som levede og gav lyd fra sig.

Christine svøbte pigen ind i et par underskørter. Efter et stykke tid holdt barnet op med at give lyd fra sig.

Hun pakkede pigens lig ind i noget papir og gemte det under en trappe i husets køkken.

I dagene efter begyndte Christine at føle sig mistænkt, især af husets frue, som var overbevist om, at Christine havde født.

Politiet blev tilkaldt, men der blev ikke fundet noget, og Christine benægtede sin skyld.

Otte dage senere, efter at have født og dræbt barnet, fyrede Christine op i komfuret og lagde liget af pigen derind for at slippe af med sporene.

Da barneliget begyndte at brænde, fyldte en frygtelig stank hele huset. Beboerne ilede til og opdagede barneliget i komfuret, hvor kun den ene side var blevet forbrændt, fordi det var for stort til at passe helt ind.

Christine tilstod sin forbrydelse overfor politiet.

Liget af pigen blev obduceret og begravet den 28. marts 1905 på Rudkøbing Kirkegård.

Den 7. april 1905 blev Christine idømt 4 års forbedringshusarbejde for barnemord i Rudkøbing Købstads Ekstraret efter straffelovens paragraf 192.

Den 12. april 1905 blev Christine ført til Christianshavns Straffeanstalt for at afsone straffen.

I fængslet blev Christine beskrevet som skikkelig og sirlig, og hun viste oprigtig erkendelse af sin forbrydelse.

Den 4. december 1905 blev Christine benådet og løsladt.

Efter løsladelsen vendte Christine tilbage til arbejdet som tjenestepige og flyttede senere til Bornholm.

I begyndelsen af 1909 blev hun gravid igen og fødte i efteråret et barn i Klemmensker på Bornholm. Faderen var Arthur Nielsen fra Majbølle ved Nakskov.

Christine blev boende på Bornholm og giftede sig den 18. april 1912 med Niels Kristian Skov i Rø Kirke.

På det tidspunkt var Christine højgravid og fødte seks uger senere parrets første fælles barn.

De boede i Rø, hvor hendes mand adopterede Christines næstældste barn og gav ham sit efternavn. Mandens arbejde var i landbruget, og Christine blev hjemmegående husmoder.

Et par år senere fik de endnu et barn.

I 1930'erne blev Christine skilt fra sin mand.

Sidst i livet boede hun som invalide- og aldersrentenyder hos et af sine børn i Aakirkeby.

Den 4. marts 1948 døde Christine, 69 år gammel, på Aakirkeby Sygehus. Seks dage senere blev hun bisat fra Aa Kirke.

Christine efterlod sig fire børn.

Dynen

Fange nr. 121 (1905)

Jensine Kristensen blev født den 29. maj 1885 i Ramsing i Nordjylland. Hendes mor, Maren Kristensen, arbejdede som tyende, og hendes far, Peter Poulsen, var husmand.

Da de ikke var gift, blev han udlagt som barnefader, men forlod kort efter Danmark og rejste til USA.

Jensine havde en tvillingsøster, Else Marie.

Da hun var lille, blev Jensine anbragt i pleje hos sin onkel, der byggede møller i Balling tæt på Skive. Hun fik tidligt ansvar. Allerede som tiårig passede hun mindre børn samtidig med, at hun gik i skole.

I 1899 blev hun konfirmeret i Balling Kirke og blev derefter sendt ud for at arbejde som tjenestepige. Hun arbejdede i flere år i Skive, men i 1903 tog hun til København.

Jensine blev sjældent længe det samme sted, måske havde hun svært ved at finde ro.

I sommeren 1904 arbejdede Jensine som tjenestepige i Odense. Hun havde haft forhold til flere mænd, men de var korte og uden varighed. En af dem gjorde hende gravid.

Jensine valgte at holde graviditeten hemmelig for alle omkring sig.

Da fødslen nærmede sig, rejste hun den 1. marts 1905 hjem til sine plejeforældre, som nu boede i Kvols Sogn. Hun sagde ikke et ord om sin tilstand.

Dagene gik, og Jensine ventede alene på det, der skulle ske.

Den 17. april 1905 begyndte hun om aftenen at mærke, at fødslen var i gang. Hun gik ind på sit værelse og lagde sig i sengen. Mellem klokken ni og ti fødte hun en lille dreng. Det skete uden de store komplikationer.

Hun lod ham ligge mellem sine ben under dynen. Hun vidste godt, hvad hun havde tænkt sig. Han skulle ikke overleve.

Efter noget tid, da drengen ikke viste tegn på liv, klippede Jensine navlestrengen over med en saks. Hun svøbte liget af drengen ind i papir og lagde det i en kommodeskuffe.

Senere gravede Jensine liget af drengen ned.

Tiden gik, og hun kunne faktisk godt være sluppet uden straf, hvis ikke nogen begyndte at mistænke, at hun havde født i hemmelighed.

Jensine valgte selv at gå til politiet og indrømme, at hun havde født et dødfødt barn og derefter begravet det.

Efter anholdelsen blev hun ført hen til stedet, hvor hun havde lagt liget af drengen i jorden. Det blev gravet op og sendt til obduktion.

Til sidst kunne Jensine ikke holde fast i sin forklaring længere. Hun fortalte politiet sandheden om, hvordan drengen var død.

Den 11. august 1905 blev Jensine dømt i Fjends Nørlyng Herreders Ekstraret. Hun fik tre års forbedringshusarbejde for barnemord efter straffelovens paragraf 192.

Den 22. august 1905 blev Jensine ført til Christianshavns Straffeanstalt for at afsone straffen.

I fængslet blev Jensine beskrevet som en stille og ordentlig kvinde, men hun havde svært ved at forstå de normer, hun var dømt efter.

Hun kæmpede med helbredet og havde blødninger under sit ophold. Hendes tid bag mure var præget af sygdom og ensomhed.

Den 21. februar 1906 blev Jensine benådet og løsladt.

Hun flyttede til København og arbejdede igen som tjenestepige. I 1908 rejste hun til Fakse.

Senere samme år, den 27. september 1908, blev Jensine gift i Fakse Kirke med Lars Peder Christiansen, der arbejdede som tjener.

Parret flyttede ofte og boede flere steder på Sjælland. I en periode drev de et hotel og senere en restaurant. I Slagelse arbejdede Lars som både tjener og købmand.

Jensine og Lars fik aldrig børn.

Den 6. juli 1940 døde Jensine, 55 år gammel, i Slagelse. Fire dage senere blev hun begravet på Sankt Mikkels Kirkegård.

Jensine efterlod sig sin mand.

Sindssygeanstalten

Fange nr. 193 (1906)

Dagmar Petrea Frederiksen blev født den 17. oktober 1883 i Helsingør. Hendes far var arbejdsmand og hed Vilhelm Christian Frederiksen, og hendes mor hed Caroline Pedersen.

Familien havde otte børn i alt. Senere flyttede de til Frederiksberg, hvor Dagmar gik i skole på Frederiksberg Friskole.

Hendes skolekundskaber blev vurderet som almindelige, og allerede som niårig begyndte hun at arbejde som formiddagspige.

Efter konfirmationen blev hun boende hos sine forældre i et par år. Hun havde halvdagsarbejde og blev som 17-årig sendt ud for at arbejde som tjenestepige på fuld tid.

I 1900 fik hun arbejde på en gård i Tveje Merløse nær Holbæk. Nogle år senere, i 1904, fik hun arbejde på en gård tæt ved Lundby Station, syd for Vordingborg.

Det var her, hun mødte en tjenestekarl, og de blev kærester. Midt på sommeren blev Dagmar gravid.

Senere på året blev hun syg og rejste tilbage til sine forældre, som nu boede på Frederiksberg.

Dagmar havde stadig kontakt med kæresten, som var nu flyttet til Næstved.

Det var først den 19. april 1905, under et besøg hos ham, at Dagmar opdagede, at hun ventede et barn forklarede hun senere.

Tre dage senere, sent om aftenen, var hun på vej fra Køng til Lundby for at besøge nogle bekendte. Turen var kort og foregik til fods.

På vej tilbage begyndte hun at få kraftige smerter i underlivet. Hun tænkte ikke, at det kunne være fødslen. Smerterne tog til, og hun lagde sig mellem to halmstakke i en nyttehave, der hørte til den gård, hvor hun tidligere havde arbejdet.

Dagmar overvejede at gå hen til den nærmeste gård, hvor hun kendte dem der boede, for at få hjælp. Men da hun så at der var gæster, stoppede hun op. Hun turde ikke gå derind.

Parret på gården blev senere kede af, at hun ikke havde opsøgt dem. De anede ikke, at hun var gravid. Dagen før havde hun besøgt dem, uden at nogen havde bemærket noget.

Dagmar begyndte at forstå, at hun skulle føde. Hun forsøgte at rejse sig for at søge hjælp, men hendes kræfter rakte ikke. Kort tid efter fødte hun en dreng.

Da det var overstået, blev hun grebet af en dyb og inderlig følelse af fortvivlelse.

Hendes kæreste havde taget afstand, da han fandt ud af, at hun var gravid, og hun frygtede, at hendes familie ville blive vrede.

Midt i chok og desperation trykkede Dagmar sin hånd omkring drengens hals og kvalte ham. Hun gemte liget af drengen i en af halmstakkene.

Næste morgen gik hun hjem til en veninde og fik en kop kaffe. Hun fortalte, at hun havde overnattet på Lundby Gæstgiveri, og at hun skulle hente sin kæreste ved stationen.

Men venindens bror var også til stede. Han havde set Dagmar to dage før og lagde mærke til, hvor forandret hun så ud. Han blev mistænksom og tilkaldte en læge.

Overfor lægen tilstod Dagmar, at hun havde født et barn ude mellem halmstakkene. Politiet blev tilkaldt, og både læge og sognefoged tog straks ud til stedet. De fandt liget af drengen.

Dagmar forklarede først, at barnet var dødfødt, men ved obduktionen viste det sig, at han var blevet kvalt.

Flere aviser skrev dengang, at barnet var død af kulde, men det var altså ikke korrekt.

Liget af drengen blev begravet på Vordingborg Kirkegård den 2. maj 1905.

Efterfølgende blev Dagmar indlagt til observation på Vordingborg Sindssygeanstalt, hvor hun blev i fem måneder.

Det var myndighederne, der havde truffet beslutningen.

Vordingborg Sindssygehospital. (1900)
(Postkort)

Overlægen vurderede, at hun i selve øjeblikket for gerningen sandsynligvis befandt sig i en tilstand, hvor hendes bevidsthed var indsnævret og omtåget.

Det betød, at hun ikke var i stand til at handle rationelt.

Sundhedskollegiet beskrev hende som et noget åndssvagt individ, og at fødslen og de voldsomme smerter havde udløst denne mentale tilstand.

Lægernes vurdering blev afgørende i retssagen.

Den 30. marts 1906 blev Dagmar dømt for barnemord i Vordingborg Søndre Birks Ekstraret. Straffen lød på otte måneders forbedringshusarbejde for barnemord efter straffelovens paragraf 192.

Den relativt milde dom skyldtes, at lægerne mente, hun ikke var helt tilregnelig i situationen. Hun blev også dømt efter straffelovens paragraf 39, som tog højde for hendes mentale tilstand.

Den 7. april 1906 blev Dagmar ført til Christianshavns Straffeanstalt for at afsone straffen.

Her blev hun hurtigt beskrevet som uegnet til fængselsophold. Hun led af svimmelhed og omtågethed.

Fængselspræsten var enig i vurderingen og bemærkede, at Dagmar på grund af sine ringe evner næppe ville få noget som helst ud af at sidde i fængsel.

Allerede den 3. juni 1906 blev Dagmar benådet og løsladt. Benådningen var underskrevet af kongen.

Efter løsladelsen flyttede Dagmar hjem til sine forældre på Frederiksberg.

I 1910 rejste hun til Sejerø, hvor hun arbejdede som tjenestepige på en gård.

Den 5. juni 1911 blev hun gift i København med fiskeren Jens Peter Jensen. Parret bosatte sig i Føllenslev, tæt på Jyderup. De fik ikke børn sammen, men i begyndelsen af 1920erne havde de en plejedatter fra Tyskland boende.

Jens arbejdede som fisker, og Dagmar passede hjemmet.

Den 8. april 1925 døde Dagmar i en alder af kun 41 år. Seks dage senere blev hun begravet på Føllenslev Kirkegård.

Dagmar efterlod sig sin mand.

Ægtemanden

Fange nr 107 1906)

Kristine Jensen blev født den 2. juli 1885 i Moseby, en lille by på Falster, som uægte datter af Anne Jensen, der var fraskilt. Faderen var ukendt.

Kristine voksede op i et usædvanligt hjem. Hendes mor, Anne, havde tre børn med tre forskellige mænd, og moren og børnene boede sammen med Annes søster, Maren Kirstine Jensen, i Moseby.

Kristine gik i den lokale skole, hvor hendes præstationer var gennemsnitlige.

Fra hun var 11 år, arbejdede hun om sommeren som malkepige, og det hårde arbejde var noget, hun måtte vænne sig til tidligt.

I 1899 blev Kristine konfirmeret i Aastrup Kirke. Efter konfirmationen blev hun sendt ud for at arbejde som tjenestepige. De første år boede hun stadig sammen med sin mor i Aastrup.

Kristine mødte Lars Peter Jensen, og den 14. april 1905 blev de gift i Aastrup Kirke.

Men deres ægteskab begyndte på et kompliceret grundlag. Kristine fortalte Lars Peter, at han havde gjort hende gravid i december 1904.

Sandheden var dog en anden. Hun var allerede gravid, og barnet havde en anden far. Kristine havde haft et forhold til en anden mand før Lars Peter, men det var ikke noget, hun kunne dele med ham.

Det var ikke første gang, Kristine havde været gravid.

Tidligere havde hun født et dødfødt barn, og denne gang var hun bange for, at Lars Peter ville opdage, at hun havde fået et barn langt tidligere, end han havde ventet.

Så ville sandheden komme frem.

Derfor besluttede hun at føde i hemmelighed og dræbe barnet, hvis det blev levende.

Den 1. maj 1905, sidst på eftermiddagen, begyndte fødslen i parrets hjem i Arløse Skovhuse, Aastrup Sogn. Kristine var alene, da hendes mand var ude at arbejde.

Hun lagde sig ned for at føde. Den lille dreng, hun fødte, begyndte straks at skrige. I et panikfyldt øjeblik bandt Kristine et bånd omkring hans hals, og da han stadig levede, kastede hun ham ned mod gulvet. Drengens hoved blev skadet, og han stoppede med at bevæge sig.

Kristine begravede liget af drengen i møddingen.

Overfor sin mand forklarede Kristine, at hun havde født et lille dødfødt barn, som hun havde begravet i møddingen.

Et par uger senere fandt en hund liget af drengen, og Kristine tog det fra hunden og begravede det igen, denne gang i haven.

Senere fik politiet mistanke om, hvad der var sket, og Kristine blev anholdt. Efter flere forhør tilstod hun, at hun havde født en levende dreng og dræbt ham. Før det hævdede hun, at hun havde fået en abort.

Obduktionen afslørede, at drengen var født en måned for tidligt, og at dødsårsagen var kvælning. De kvæstelser, han havde fået ved at blive kastet mod gulvet, havde ikke forårsaget hans død. Drengen var død, før Kristine kastede ham ned.

Kristines handlinger skabte tvivl om hendes sindstilstand. Hun blev indlagt til observation på Vordingborg Sindssygeanstalt i fire måneder. En overlæge konkluderede, at selvom hun måske var et "degenereret individ", var hun ikke sindssyg på det tidspunkt, hun begik forbrydelsen.

I februar 1906 blev Kristine idømt fem års forbedringshusarbejde for barnemord efter straffelovens paragraf 192.

Hun blev ført til Christianshavns Straffeanstalt, hvor hun blev beskrevet som "degenereret" og uden erkendelse af sin forbrydelse. Men hun var flittig med arbejdet og blev senere beskrevet som lunefuld og uberegnelig.

Kristine blev løsladt den 3. juni 1908, efter at hun havde fået benådning.

Hun vendte tilbage til Aastrup Sogn, og ægteskabet med Lars Peter holdt, på trods af Kristines forbrydelse og løgne.

De fik deres første fælles barn i 1911, og i de følgende år kom yderligere seks børn til. Kristine var hjemmegående husmoder, mens Lars Peter arbejdede som arbejdsmand.

Familien boede fortsat i Aastrup Sogn, men senere flyttede de til Greve ved København.

Kristine døde den 13. februar 1948 på Roskilde Amts og Bys Sygehus, 62 år gammel. Hun blev begravet på Greve Kirkegård, fem dage efter sin død.

Kristine efterlod sig sin mand og syv børn.

Distriktslægen

Fange nr. 119 (1905)

Dorthea Marie Berthelsen Kristoffersen blev født den 6. august 1884 i den lille nordjyske landsby Kallerup. Hun var datter af maler Berthel Kristoffersen og hans kone Mariane Kristensen.

Hjemmet var fyldt med liv, for ud over forældrene var der også tre børn i familien.

I skolen klarede Dorthea sig jævnt. Hendes lærere vurderede hendes kundskaber som almindelige.

Om sommeren passede hun børn som barnepige, og da hun blev konfirmeret i Skjoldborg Kirke i 1899, begyndte hun at lære at sy. Hendes hænder blev dygtige, og hun fik senere arbejde som syerske i Thisted.

Det var i Thisted, at Dorthea forelskede sig i en bagersvend. I efteråret 1904 blev hun gravid. Hun fortalte det ikke til nogen. Måske var det frygten for skam. Måske håbede hun, at problemet ville løse sig selv.

Men det gjorde det ikke.

En sommeraften den 5. juni 1905 mærkede Dorthea, at fødslen var tæt på. Hun låste døren til gangen og lagde sig i sin seng.

Senere den aften fødte hun en pige. Alene, i stilhed. Og så traf hun en beslutning, som skulle ændre alt.

Dorthea tog den kniv, hun netop havde brugt til at skære navlestrengen over med, og forsøgte at skære halsen over på pigen. Men kniven var ikke skarp nok. I desperation fandt hun en saks og stak den i pigens hals.

Pigen døde ikke med det samme.

Dorthea svøbte hende tæt ind i linned og lagde hende under dynen.

Ifølge udtalelser i sagen kan det også være, at hun slog pigens hoved mod noget hårdt, inden hun lagde hende til rette.

Denne gang døde pigen.

Næste morgen gik Dorthea på arbejde, som om intet var hændt.

Men få timer senere fandt politiet liget af pigen på Dortheas værelse i Toldbodstræde i Thisted.

Der havde gået rygter i byen om, at Dorthea måske havde født i hemmelighed, og derfor valgte politiet efterfølgende at undersøge hendes værelse.

Dorthea blev anholdt og tilstod under forhør, at hun havde dræbt sit barn.

Liget af pigen blev obduceret og begravet den 9. juni 1905 på Thisted Søndre Kirkegård.

Distriktslægen, der skulle udtale sig under retssagen, var ikke venlig i sin vurdering. Han kaldte Dorthea for et "degenereret individ", der manglede modstandskraft mod pludselige indskydelser. Dog mente han ikke, at hun var utilregnelig.

Dommeren så lidt anderledes på hende og beskrev hende som "let og flygtig af karakter, men af et åbent og mildt gemyt".

Den 31. juli 1905 blev Dorthea dømt. Hun fik tre års forbedringshusarbejde for barnemord efter straffelovens paragraf 192.

Den 8. august 1905 blev Dorthea ført til Christianshavns Straffeanstalt for at afsone straffen.

I fængslet blev hun beskrevet som lidt indesluttet, men hun erkendte sin forbrydelse. Hendes opførsel var tilfredsstillende, og hun viste forståelse for, hvad hendes handling havde betydet.

Dorthea blev løsladt den 21. februar 1906, efter at være blevet benådet af kongen.

Hun vendte hjem til Skjoldborg og boede i mange år hos sine forældre. Da hendes mor døde, hjalp hun sin far med husholdningen.

I begyndelsen af 1920erne flyttede hun til Stagstrup, tæt på Skjoldborg, hvor hun arbejdede som syerske.

Søstrenes gravsten på Skjoldborg Kirkegård. (Ukendt årstal)

Efter nogle år flyttede hendes lillesøster ind hos hende, og hun blev boende hos Dorthea resten af hendes liv.

Den 7. marts 1957 døde Dorthea i Stagstrup, 72 år gammel. Hun blev begravet fire dage senere på Skjoldborg Kirkegård.

Dorthea blev aldrig gift og fik ikke flere børn.

Mergelgraven

Fange nr. 102 (1905)

Inger Kirstine Marie Jakobine Hansen blev født den 7. juni 1886 i landsbyen Sneslev på Sydsjælland. Hendes forældre var Jens Christian Frederik Conrad Hansen, der arbejdede som daglejer, og Mette Kirstine Hansen, der var mor til fire.

Inger voksede op i et hjem, hvor det ikke var let at være barn. Hendes far drak. Nogle gange for meget. Det skabte uro, og en dag blev han anholdt og sigtet for at have startet en brand.

Familien flyttede ofte. Der var aldrig rigtig ro, og ingen steder føltes som hjem i særlig lang tid. Da Inger var syv år, blev hun sendt ud for at arbejde som barnepige hos en gårdmandsfamilie. Hun kom først hjem igen et par år senere.

Da Inger fyldte tolv, blev hun sendt ud som barnepige igen. Hendes barndom sluttede tidligt.

I skolen klarede hun sig jævnt. Hun var ikke dårlig, men heller ikke blandt de bedste.

I år 1900 blev Inger konfirmeret i Hyllinge Kirke. Kort tid efter begyndte hun at arbejde som tjenestepige. Først på en gård i Marvede tæt ved Næstved og senere andre steder.

Som ung forelskede hun sig i en tjenestekarl. I efteråret 1904 blev hun gravid. Kæresten fik det at vide, men Inger holdt det hemmeligt for alle andre. Hun skammede sig.

Skammen voksede indeni, og tidligt i 1905 traf Inger en beslutning, hun ikke kunne tage tilbage. Hvis barnet blev født, ville hun tage livet af det. Hun følte sig fanget. Som om der ikke var nogen vej uden om.

Den 21. juni 1905 var hun på vej hjem til gården i Jenstrup, tæt ved Næstved, hvor hun arbejdede. Hun havde været på besøg hos sin søster. Det var aften, og hun gik alene langs landevejen

Pludselig begyndte veerne. Hun søgte ind på en nærliggende mark og fødte dér, alene, uden hjælp. Det blev en lille pige.

Lige efter fødslen lagde Inger hænderne om pigens hals. Hun pressede tommelfingrene mod struben og stoppede det liv, der lige var begyndt. Da det var overstået, tog hun liget af pigen med sig.

Gården i Jenstrup (1949)
(Danmark Set Fra Luften)

Tæt på gården lå en større mergelgrav. Her pakkede Inger liget af pigen ind i et forklæde, lagde en tung sten ovenpå og kastede det hele ned i graven.

Bagefter gik hun videre. Som om intet var hændt. Hun fortsatte sit arbejde på gården.

Men en anden tjenestepige fattede mistanke og fortalte det til gårdejeren. Sammen gik de til politiet. Inde på Ingers værelse fandt betjentene blodigt tøj.

Først sagde Inger, at barnet var dødfødt. Men efter kort tid indrømmede hun, hvad der var sket. Hun førte politiet hen til mergelgraven.

Liget af pigen blev fundet og obduceret.

Den 28. juli 1905 blev Inger dømt i Øster Flakkebjerg Herreds Ekstraret. Hun fik seks års forbedringshusarbejde for barnemord efter straffelovens paragraf 192.

Den 3. august 1905 blev Inger ført til Christianshavns Straffeanstalt for at afsone sin straf.

Her beskrev personalet hende som pligtopfyldende, stille og flittig. Hun opførte sig eksemplarisk.

Allerede året efter, den 22. februar 1906, blev hun benådet. Kongen selv havde skrevet under.

Inger rejste hjem og tog igen arbejde som tjenestepige.

I løbet af sommeren 1907 forelskede hun sig i møllersvend Peter Petersen. I efteråret blev hun gravid igen.

Barnet blev født i foråret 1908, men døde ni måneder senere. På det tidspunkt boede hun hos sine forældre i Hyllinge. Inger var ikke sammen med barnets fader.

Den 29. november 1910 blev hun gift i Hyllinge Kirke med Hans Jensen Larsen, der var landarbejder. De slog sig ned i Hyllinge og skabte sig en tilværelse.

I efteråret 1912 fik de deres første fælles barn, men barnet døde allerede efter halvanden måned. De fik seks børn i alt.

Familien flyttede ofte, og de slog sig aldrig ned for alvor. Hans arbejdede som landarbejder, mens Inger tog sig af hjemmet og børnene. Hun malkede også køer og fik hverdagen til at hænge sammen.

Inger blev senere enke.

Den 6. juli 1966 døde Inger i Slagelse. Hun blev 80 år gammel. Fem dage senere blev hun bisat fra Helligåndskirken i Slagelse.

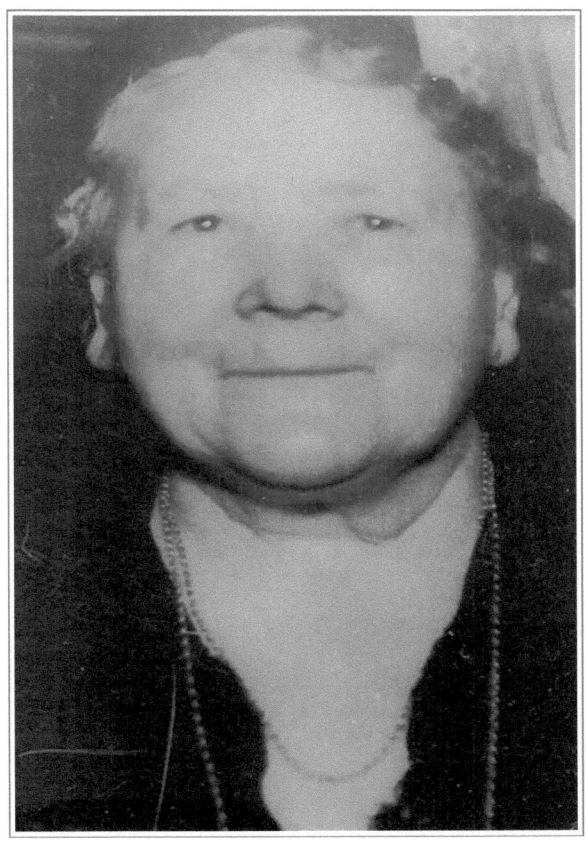

Inger Kirstine Marie Jakobine Hansen. (Ukendt årstal)
(Privatfoto)

Inger efterlod sig fem børn.

Fattighuspigen

Fange nr. 148 (1905)

Mette Malene Andersen blev født den 11. december 1883 på fattiggården i Egtved, en lille sydjysk by. Hendes mor, Mette Margrethe Andersen, arbejdede som tjenestepige, og hendes far var gartneren Anders Adorsen fra Christiansfeld.

Faderen kom aldrig til at kende sin datter. Allerede som spæd blev Mette sendt i pleje, betalt af fattigvæsenet, og voksede op hos husmandsfamilier eller på selve fattiggården, hvor hendes mor også opholdt sig.

Mettes barndom var præget af fattigdom og hårdt arbejde.

Hun havde nedsat syn på det ene øje, og hendes skolegang blev forsømt. Allerede som seksårig måtte hun hjælpe til på gårdene i nærheden og passe kreaturer. Derfor fik hun aldrig en reel chance for at klare sig godt i skolen.

Lærerne vurderede hendes kundskaber som dårlige, og hele hendes opvækst bar præg af slid og manglende uddannelse.

I 1898 blev Mette konfirmeret i Egtved Kirke. Kort efter begyndte hun at arbejde som tjenestepige rundt omkring i området.

I 1904 blev hun forlovet, og i begyndelsen af det følgende år blev hun gravid. Det skulle få voldsomme konsekvenser.

Om natten mellem den 15. og 16. oktober 1905 fødte Mette et barn i sit lille kammer på gården Solvang i Bølling, tæt ved Egtved, hvor hun arbejdede som tjenestepige.

Hun var alene, og det hele var både smertefuldt og overvældende.

Kort efter fødslen tog Mette barnet om halsen med én hånd og kvalte det. Hun gemte det lille lig i et buskads ude i haven.

Tre dage senere blev barneliget fundet af en anden tjenestepige. Politiet blev tilkaldt, og Mette blev anholdt og sigtet for barnemord.

Under afhøringen tilstod Mette det hele.

Den 3. november 1905 blev Mette dømt i Andst og Omegns Ekstraret til to års forbedringshus for barnemord efter straffelovens paragraf 192.

Gården Solvang i Bølling. (1911)
(Egtved Lokalhistoriske Arkiv)

Retten beskrev hende som temperamentsfuld og mentalt tilbage.

Den 11. november 1905 blev Mette ført til Christianshavns Straffeanstalt for at afsone straffen.

Her blev hun karakteriseret som godmodig og med tilfredsstillende opførsel.

Allerede den 21. februar 1906 blev Mette benådet. Kongen havde underskrevet hendes benådning, og hun blev løsladt.

Derefter rejste hun til Sjælland og fik arbejde som tjenestepige nær Slagelse. Her mødte hun sømanden Carl Christensen fra Odense, og i begyndelsen af 1908 blev hun gravid igen.

Hun fødte senere samme år, mens hun arbejdede for en enke i Vallensbæk Strand. Denne gang blev barnet sendt i pleje hos en familie i området.

I 1911 boede Mette i København. Senere arbejdede hun som tjenestepige i Brylle nær Odense.

Efter en tid vendte hun tilbage til hovedstaden og fortsatte med at arbejde som tjenestepige.

I begyndelsen af 1919 blev hun gravid endnu en gang. I slutningen af året fødte hun et barn på Rigshospitalet. Barnets far var formentlig August Viliam Vilhelmsen, en svensk mand som Mette boede sammen med.

For at forsørge sine børn arbejdede Mette som rengøringskone.

I begyndelsen af 1923 giftede hun sig med Axel Edvard Vilhelm Jensen, en arbejdsmand der kort forinden var blevet skilt.

De boede i København og fik to børn sammen. Det ene barn døde sandsynligvis som spæd. Sidst i 1920'erne flyttede familien til Tårnby, hvor Axel drev handel, og Mette passede hjemmet.

I 1948 mistede hun sin mand, som døde på Blegdamshospitalet i København.

Efter hans død flyttede Mette til Maribo. Hun døde den 10. juni 1951 på Maribo Sygehus, 67 år gammel. Hun blev begravet tre dage senere på Stokkemarke Kirkegård.

Mette efterlod sig tre børn.

Pulterkammeret

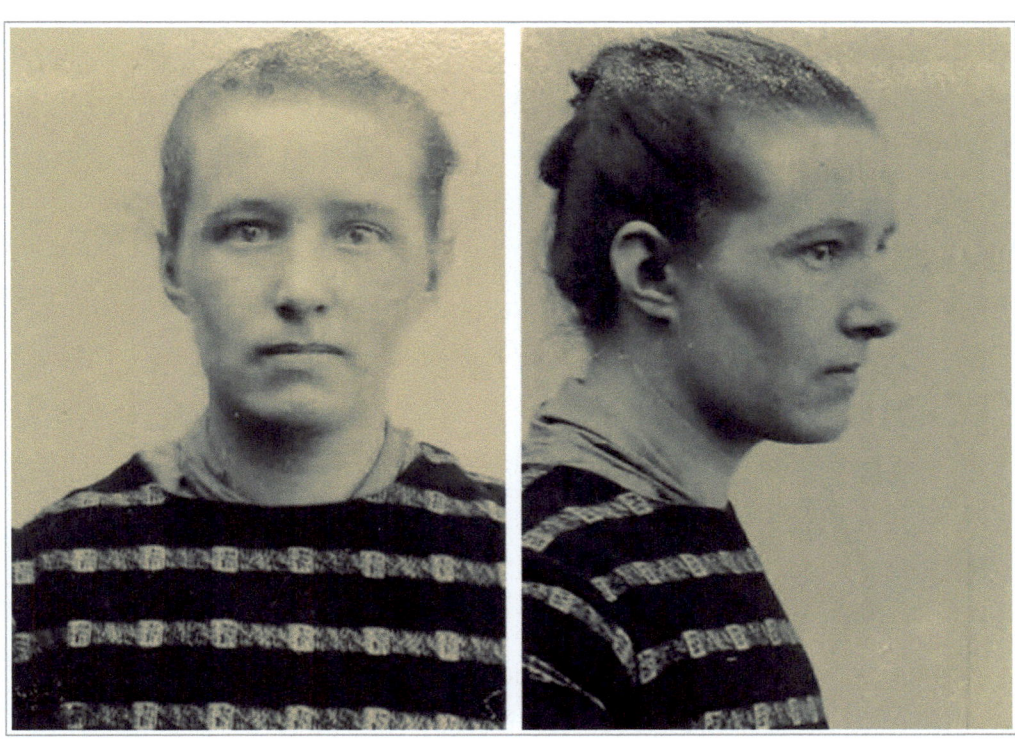

Fange nr. 103 (1906)

Jensine Kirstine Mikkelsen blev født den 8. august 1880 i Torslev i Nordjylland som datter af arbejdsmanden Christian Peter Mikkelsen og hans hustru, Ottine Pouline Jørgensen.

Familien bestod af otte børn. Senere flyttede de til Flade nær Frederikshavn, hvor Jensine gik i privatskole og fik undervisning af en huslærer i hjemmet. Før dette havde hun gået i landsbyskolen i Torslev.

I 1894 blev Jensine konfirmeret i Flade Kirke. Efter et års ophold hjemme arbejdede hun som tjenestepige i forskellige byer i Nordjylland.

Jensine lærte at sy og tilbragte en kort periode i Tyskland, før hun tog til København for at prøve lykken.

Hun arbejdede som tjenestepige hos flere familier, hvilket betød, at hun flyttede meget rundt i byen. Det var svært for hende at finde sig til rette som tjenestepige.

I 1901 vendte Jensine kort hjem til sine forældre, der nu boede i Tårs, men rejste hurtigt tilbage til København, hvor hun fortsatte med at arbejde.

Jensine fik arbejde i en manufakturforretning, hvor hun stjal varer og iscenesatte et falsk indbrud. Hun blev afsløret og dømt til otte måneders fængsel.

Den 13. november 1901 blev Jensine ført til Christianshavns Straffeanstalt for at afsone straffen.

Jensine blev løsladt den 13. maj 1902 og valgte at blive boende i København.

I sommeren 1903 blev Jensine gravid med en ung italiensk opvasker ved navn Spirati. I foråret 1904 fødte hun deres første barn.

I begyndelsen af 1905 blev Jensine gravid igen, og faderen var endnu en gang den italienske opvasker, Spirati.

Den 2. oktober 1905 fødte hun en lille pige på Den Kongelige Fødselsstiftelse i København. Da faderen til børnene ikke bidrog økonomisk, blev det ældste barn fjernet og anbragt under fattigvæsenets forsørgelse.

Fange nr. 171 (1901)

Den 12. oktober 1905 blev Jensine udskrevet fra fødselsstiftelsen og tog sin nyfødte pige med sig tilbage til det sted, hvor hun arbejdede som tjenestepige hos en gæstgiverske på Nyhavn.

Gæstgiversken var ikke glad for, at Jensine havde medbragt barnet, og hun blev bortvist den 30. oktober 1905. Jensine stod nu uden et sted at bo, uden indkomst og med en nyfødt pige i armene.

I stedet for at forlade stedet sneg Jensine sig op på loftet, hvor der var et pulterkammer, som hørte til lejligheden. Hun opholdt sig der et stykke tid, før hun tog pigen med sig og vandrede hvileløst rundt i Københavns gader.

Uden at vide, hvad hun skulle gøre, vendte hun tilbage til pulterkammeret om aftenen og sad der hele natten. Hun havde ikke fået noget at spise siden bortvisningen.

Om eftermiddagen den 31. oktober 1905, mens hun stadig sad i pulterkammeret med pigen og græd over sin hjælpeløse situation, fik Jensine en frygtelig tanke. Hun bandt et stykke tøj stramt omkring pigens hals og lagde liget af pigen forsigtigt ned i en hatteæske.

Efter at have kvalt pigen og lagt hendes lig derned, forlod Jensine pulterkammeret og tog hatteæsken med sig.

Jensine fik et nyt arbejde som tjenestepige i Pilestræde, men blev hurtigt bortvist, da hun var udeblevet fra arbejdet uden tilladelse i to dage.

Det blev senere antydet, at hun havde tilbragt de dage med kæresten, den italienske opvasker Spirati.

En tid senere opdagede hendes tidligere arbejdsgiver den ubehagelige lugt fra hatteæsken, som Jensine havde efterladt, da hun blev bortvist. Det viste sig, at lugten stammede fra liget af pigen som Jensine havde gemt i æsken.

Jensine blev anholdt og tilstod hurtigt sin forbrydelse.

Den 12. maj 1906 blev Jensine dømt til seks års forbedringshusarbejde for drab i henhold til straffelovens paragraf 186 og straffelovens paragraf 39. Hun blev således ikke dømt for barnemord efter straffelovens paragraf 192.

Den 14. maj 1906 blev Jensine ført til Christianshavns Straffeanstalt for at afsone straffen.

I fængslet blev Jensine betragtet som noget forstyrret, og hun havde svært ved at erkende sin forbrydelse. Efterhånden blev hun mere alvorlig og forstandig og begyndte at arbejde flittigt.

Jensine blev løsladt den 20. juli 1908 efter at have fået en benådning fra kongen. Ved løsladelsen modtog hun 30 kroner fra ham.

Efter hendes løsladelse boede Jensine stadig i København og arbejdede som tjenestepige.

I efteråret 1912 blev Jensine gravid igen, og faderen var bådsmanden Per August Carlsson. Jensine blev noteret som værende husbestyrerinde. Barnet blev født i sommeren 1913.

De levede sammen i en lejlighed i Adelgade, hvor de blev boende i mange år. Der kom ikke flere børn, og familien flyttede senere til en lejlighed i Faxegade.

Parret blev gift den 16. august 1940 på Københavns Rådhus. Jensine var fortsat noteret som husbestyrerinde, mens Per August stadig var bådsmand.

Jensine døde den 13. maj 1950, 69 år gammel, på Kommunehospitalet i København. Tre dage senere blev hun begravet på Sundby Kirkegård.

Jensine efterlod sig sin mand og to børn.

Faderen

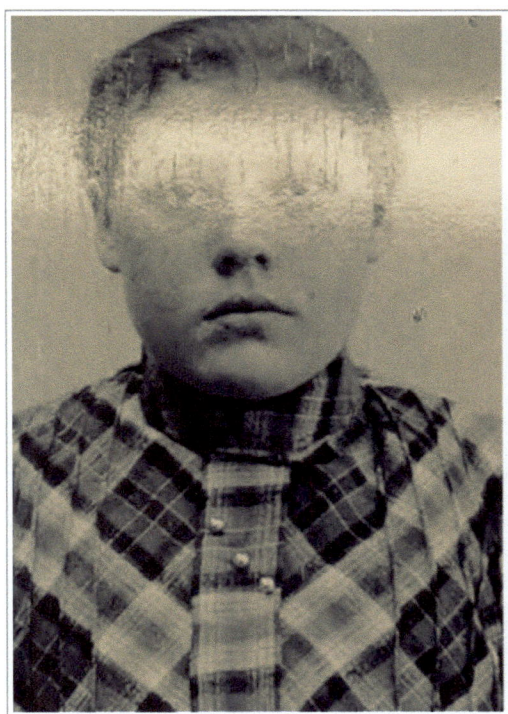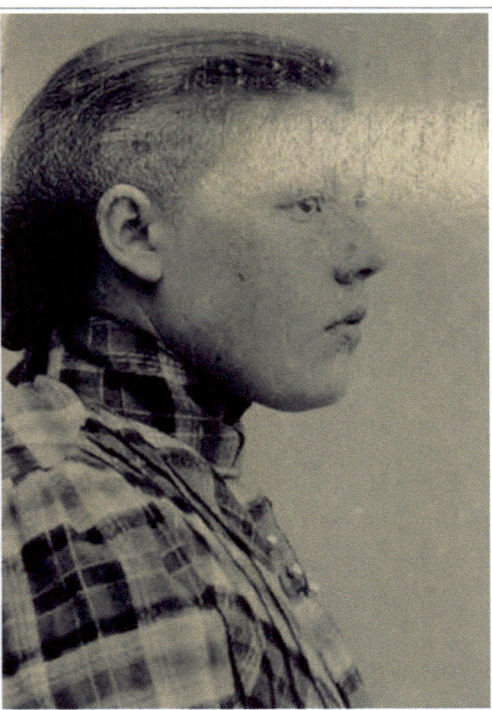

Fange Nr. 133 (1906)

Petra Julie Poulsen blev født den 31. december 1886 på Skalbjerg Mark ved Vissenbjerg på Fyn. Hendes far var husmand og hed Jørgen Poulsen. Moren, Fransine Juliane Vilhelmine Jensen, døde, da Petra kun var 11 år gammel.

Petra var det niende barn i en søskendeflok på ti.

Efter morens død blev Petra tjenestepige hos en boelsmand. Hun passede arbejdet samtidig med, at hun gik i skole i landsbyskolen i Lumby.

Hjemme hos faren var livet svært. Hendes far havde ansat en husholderske, men hun viste ikke meget interesse og omsorg for børnene, og det gjorde hverdagen tung og utryg.

Petra blev konfirmeret i Lumby Kirke i 1901. Kort tid efter begyndte hun at arbejde som tjenestepige forskellige steder i området.

I 1904 var hun ansat på en gård i Lumby, hvor hun havde forhold til flere mænd fra landsbyen.

I foråret 1905 fandt Petra ud af, at hun var gravid. Senere på året forlod hun sit arbejde i Lumby og fik nyt arbejde på en gård i Østrup nær Otterup.

Her forsøgte hun at skjule sin graviditet for omgivelserne.

Hun besluttede sig for at føde barnet i hemmelighed og tænkte ikke nærmere over, hvad der skulle ske bagefter.

Den 18. november 1905 begyndte Petra at føle sig dårlig og fik lov til at gå op på sit værelse for at hvile. Hun var ikke klar over, at fødslen var i gang, og lagde sig fuldt påklædt i sengen.

Hen mod aften fik hun stærke smerter. Som førstegangsfødende var hun usikker og overvældet, og da hun endelig indså, at barnet var på vej, var det for sent at få hjælp.

Omkring klokken 22 fødte Petra en dreng. Men i stedet for at hjælpe ham valgte hun at lade ham dø. Hun lod ham blive liggende mellem sine ben, skjult under dynen og hendes skørter.

En time senere lagde hun drengen og tøjet ned på gulvet, uden at tjekke om han stadig var i live.

Næste morgen gemte hun liget af drengen i en skuffe i sit skab. Der lå det, indtil hun fem dage senere forlod arbejdet.

Da Petra rejste, tog hun drengens lig med sig i en pakke og tog hjem til sin far på Skalbjerg Mark. Hun placerede pakken på et skab i stuen, hvor hun sov.

Otte dage senere opdagede husholdersken liget af drengen, og Petras far anmeldte hende til politiet.

Pressen beskrev hændelsen anderledes. Aviserne skrev, at Petra havde født i en tom lejlighed i Odense, efter at have vandret rundt i byen i flere dage. Derefter tog hun hjem til sin far med pakken, der indeholdt liget af drengen.

Det er muligt, at Petra ændrede sin forklaring undervejs, fra de første afhøringer til den endelige retssag.

Liget af drengen blev obduceret og derefter begravet den 1. december 1905 på Odense Assistens Kirkegård.

Den 3. februar 1906 blev Petra dømt i Lunde Skam Herreders Ekstraret. Hun fik to og et halvt års forbedringshusarbejde for barnemord efter straffelovens paragraf 192 og derudover dom efter straffelovens paragraf 194.

Den 10. februar 1906 blev Petra ført til Christianshavns Straffeanstalt for at afsone straffen.

I starten blev Petra beskrevet som utålmodig og uden forståelse for, hvad hun havde gjort. Men med tiden begyndte hun at ændre sig. Hun blev mere rolig og arbejdede flittigt.

Fængselspræsten lagde mærke til, at hun begyndte at tænke over sine handlinger og virkede oprigtigt forandret. Han beskrev hende som en ung kvinde, der i starten var indelukket og fortvivlet, men som langsomt udviklede både ansvarsfølelse og selvindsigt.

Han skrev også, at Petra gav indtryk af at være umoden, lunefuld og barnlig, men ikke uden dybde.

Petra blev løsladt den 3. juni 1907, efter at være blevet benådet af kongen. Som en gestus modtog hun 40 kroner ved løsladelsen.

I 1911 dukker Petra op igen i kilderne. Da arbejdede hun som tjenestepige på en gård i Flemløse Sogn på Fyn. Hun var stadig ugift.

Efter det forsvinder hun ud af kilderne. Det er muligt, at hun udvandrede fra Danmark, men ingen ved det med sikkerhed.

Hendes videre skæbne er ukendt.

Hotelværelset

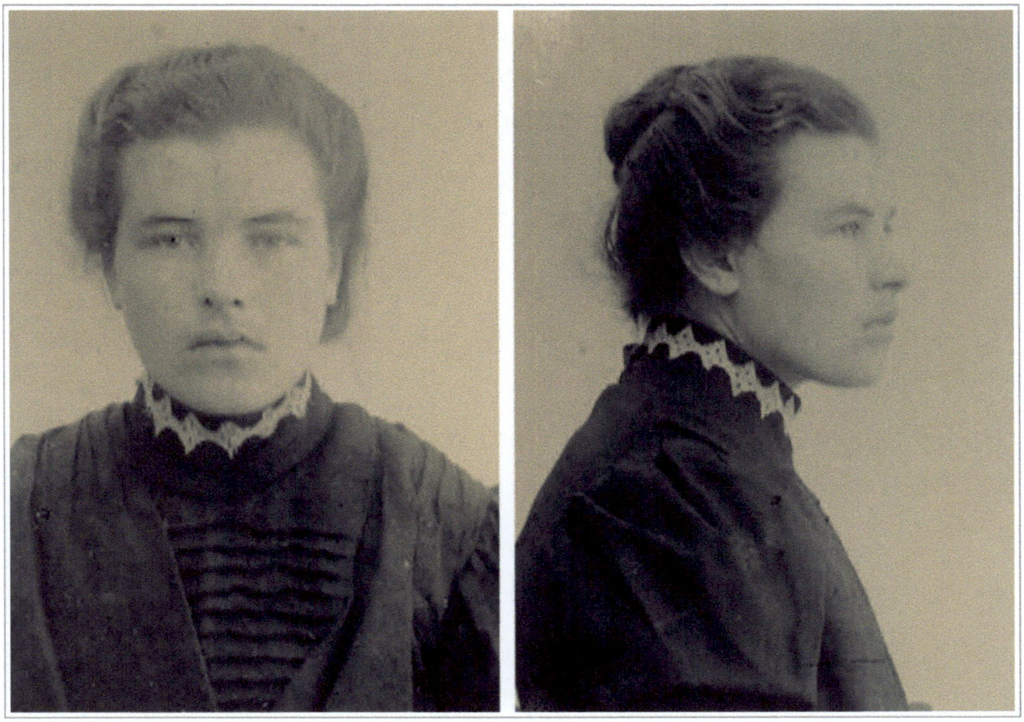

Fange nr. 114 (1907)

Josefine Martine Olesen blev født den 15. februar 1886 i landsbyen Skæve i Nordjylland. Hendes far, August Karl Olsen, var arbejdsmand, og hendes mor, Thomine Nielsen, passede hjemmet.

Josefine voksede op i en stor søskendeflok på ti børn, og da familien senere flyttede til Flade ved Frederikshavn, fortsatte livet med arbejde og ansvar.

Allerede som otteårig begyndte Josefine at arbejde som barnepige ved siden af skolen. Barndommen fik ikke lov til at vare længe.

I 1900 blev hun konfirmeret i Flade Kirke, og kort tid efter blev hun sendt ud for at arbejde som tjenestepige. Hun var kun fjorten.

I 1901 arbejdede hun på en gård i Gærum nær Frederikshavn, og her mødte hun tjenestekarlen Alfred Henry Christensen. De to havde et kort forhold, som førte til, at Josefine blev gravid i begyndelsen af 1903.

Da fødslen nærmede sig, rejste Josefine hjem til sine forældre for at undgå skandale. I efteråret samme år fødte hun en datter, som hun lod sine forældre tage sig af.

Derefter tog hun tilbage til livet som tjenestepige på forskellige gårde rundt omkring i Nordjylland.

I 1906 arbejdede Josefine på Gynderupgård i Vrejlev tæt på Vrå. Her forelskede hun sig igen, denne gang i en anden tjenestekarl. Hun blev gravid, men holdt det hemmeligt.

Ingen omkring hende fik noget at vide.

Da hun forlod gården, fik hun nyt arbejde på Hotel Cimbria i Frederikshavn. Det var den 1. april 1907, og Josefine var da 21 år gammel.

En måned senere, om aftenen den 3. maj 1907, mærkede hun, at fødslen var i gang. Hun gik ind på et tomt værelse på hotellet, og klokken 23 fødte hun en pige.

Josefine var alene, og hun traf en forfærdelig beslutning. Kort efter fødslen tog hun en strimmel tøj fra gulvet og snørede det omkring pigens hals.

Hotel Cimbria i Frederikshavn. (Ukendt årstal)
(Postkort)

Hun skjulte først liget af pigen under sengen, men næste morgen flyttede hun det til sit skab på pigekammeret.

Tidligt samme dag fandt hotelpersonalet blodspor på værelset. De havde allerede mistanke om, at Josefine var gravid, og de begyndte straks at udspørge hende.

Hun nægtede. Hun sagde, hun ikke havde været gravid og heller ikke havde født noget barn.

Kort tid efter blev hun syg og måtte lægge sig. Mens hun lå i sin seng, indrømmede hun, at hun havde født, men påstod, at barnet var dødfødt.

Hun sagde, at hun havde gemt det på toilettet.

Hotellet kontaktede politiet. De afhørte Josefine og bad om nøglen til hendes skab. Inde i skabet fandt de liget af pigen. Det var svøbt i tøj, og der var stadig en stofstrimmel bundet om halsen.

Josefine tilstod med det samme. Hun fortalte, at hun havde kvalt pigen. Hun forklarede, at hun var bange for, at hun ikke kunne forsørge hende.

Hun turde heller ikke tage hjem til sine forældre igen. De havde tidligere sagt, at hun ikke måtte komme tilbage, hvis hun endnu en gang blev gravid.

Liget af pigen blev obduceret, og den 9. maj 1907 blev det begravet på Frederikshavn Kirkegård.

Den 27. maj 1907 blev Josefine dømt i Frederikshavns Købstads Ekstraret. Hun fik to års forbedringshusarbejde for barnemord efter straffelovens paragraf 192.

Den 1. juni 1907 blev Josefine ført til Christianshavns Straffeanstalt for at afsone straffen.

I fængslet blev hun beskrevet som en stille og alvorlig kvinde. Hun holdt sig mest for sig selv, men blev rost for sin ærlige tilståelse. Fængselspersonalet vurderede, at hun opførte sig særdeles ordentligt under afsoningen.

Den 19. september 1908 blev Josefine løsladt før tid. Kongen havde benådet hende, og som en symbolsk gestus modtog hun 30 kroner som gave fra ham.

Efter løsladelsen flyttede hun til København og fik igen arbejde som tjenestepige.

I 1911 boede hun kortvarigt hos sine forældre i Flade og arbejdede senere som husbestyrerinde. Hendes første barn boede stadig hos hendes forældre.

To år senere flyttede Josefine tilbage til København, hvor hun mødte kusken Niels Peter Hansen.

De giftede sig den 20. september 1913 på Københavns Rådhus.

Josefine og Niels slog sig ned i København. Han arbejdede som sporvognskonduktør, og Josefine blev hjemmegående.

I en periode boede hendes barn hos dem, og parret havde også i en tid en plejedatter. De fik aldrig børn sammen.

Den 21. oktober 1945 døde Josefine i Husum, 59 år gammel. Hun havde livmoderkræft. Fire dage senere blev hun bisat fra Bispebjerg Krematorium.

Josefine efterlod sig sin mand og sit barn.

Papirproppen

Fange nr. 123 (1907)

Marie Jensine Larsen blev født den 2. juni 1885 i Svanninge på Fyn. Hendes far arbejdede som arbejdsmand, og hendes mor passede hjemmet. Sammen fik de syv børn.

Som de fleste i Danmark blev Marie konfirmeret som fjortenårig i Svanninge Kirke. Kort efter kom hun ud at arbejde som tjenestepige på forskellige gårde i området.

Omkring 1906 tog hun sig af sin syge søster i et års tid.

På et tidspunkt havde Marie et forhold til en malersvend. I begyndelsen af 1907 blev hun gravid.

Allerede da hun fandt ud af det, traf hun en tung beslutning. Hun ville skjule sin graviditet, føde i hemmelighed og derefter tage barnets liv.

Hun fortalte det ikke til nogen, og hvis nogen spurgte om hun var gravid, nægtede hun det.

Senere samme år fik Marie arbejde som tjenestepige hos slagterforretningen Brødrene Levin i Torvegade 10 i Faaborg.

Den 11. oktober 1907 blev Marie syg. Husbestyrerinden gav hende lov til at gå i seng. Hun var alene på sit kammer, da hun om eftermiddagen fødte en lille dreng.

Marie holdt fast i sin beslutning. Hun lagde hånden om drengens hals og trykkede til. Men hun var i tvivl. Hun kunne ikke se, om han var død. Derfor tog hun et stykke papir, lavede en prop og trykkede den ned i drengens hals.

Hun lagde liget af drengen i en papæske og gemte den i sit klædeskab.

Allerede dagen efter blev æsken fundet, og politiet blev tilkaldt. Marie blev anholdt og tilstod det hele med det samme.

Liget af drengen blev obduceret og derefter begravet den 15. oktober 1907 på Faaborg Gamle Assistens Kirkegård.

Torvegade 10 i Faaborg. (1910)

Den 11. november 1907 blev Marie dømt for barnemord i Faaborg Købstads Ekstraret. Hun fik fire års forbedringshusarbejde for barnemord efter straffelovens paragraf 192.

Få dage senere, den 15. november 1907, blev Marie ført til Christianshavns Straffeanstalt for at afsone straffen.

Her blev hun beskrevet som rolig, pligtopfyldende og flittig. Hun var dog også indadvendt og tydeligt mærket af det, hun havde gjort.

Fængselspræsten vurderede hende som moden og udviklet. Marie arbejdede trofast og opførte sig pænt. Man mente ikke, at hun ville begå noget lignende igen.

Den 3. juni 1909, efter at kongen havde sat sin underskrift, blev Marie benådet og løsladt.

Hun vendte tilbage til Svanninge og senere til Falsled, hvor hun igen arbejdede som tjenestepige.

Omkring 1911 mødte Marie smedemester Jens Herman Jensen, der også boede i Falsled. De forelskede sig, og Marie blev gravid i foråret 1912. I begyndelsen af 1913 fødte hun sit andet barn.

Den 8. maj samme år blev hun og Jens Herman gift i Svanninge Kirke. De blev boende i Falsled, hvor Marie fødte endnu et barn. Hun passede hjemmet, mens Jens arbejdede som smed.

Omkring 1920 flyttede de til Vester Hæsinge. Her begyndte Jens også at arbejde som cykelhandler. I den periode fik parret tre børn mere.

Marie døde den 26. juni 1956, 71 år gammel, på Faaborg Sygehus. Hun blev begravet fire dage senere på Falsled Kirkegård.

Marie efterlod sig sin mand og fem børn.

Husjomfruen

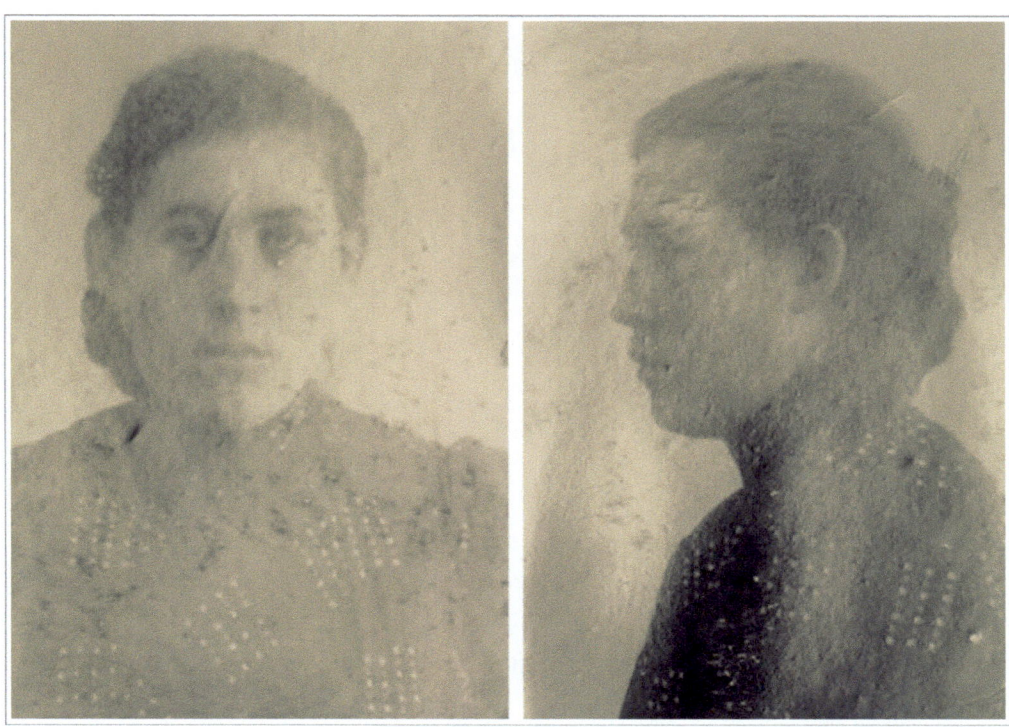

Fange nr. 127 (1908)

Hansine Hermandine Espersen blev født den 15. oktober 1886 i den lille by Nyker på Bornholm. Hun var datter af husmand Hans Jensen Espersen og Hanne Mortensen.

Hansine Hermandine Espersen. (1901) (Born-
holms Ø-Arkiv)

Sammen fik de seks børn, og Hansine voksede op i en stor børneflok
med livet på landet som ramme.

Som 14-årig blev Hansine konfirmeret i Nyker Kirke. Kort tid efter blev
hun sendt ud for at arbejde som tjenestepige på forskellige gårde i
omegnen. De fleste steder lå tæt på hendes hjem, men en overgang var
hun hjemme hos forældrene, hvor hun lærte at sy.

I starten af 1907 forelskede Hansine sig i en tjenestekarl, der arbejdede
på samme gård som hende. Efteråret samme år opdagede hun, at hun var
gravid.

Gården Lille Birkholm i Gladsaxe. (1917)
(Herlev Kommunes Lokalarkiv)

Hun valgte at holde det for sig selv. Ikke engang barnets far fik det at vide. Måske var det frygten for skam. Måske var det bare ønsket om at få det hele til at gå væk.

Hansine besluttede sig for at rejse væk fra Bornholm og søge arbejde på Sjælland. I november begyndte hun som husjomfru på gården Lille Birkholm i Gladsaxe, lige uden for København.

Med sig havde hun ikke kun sin bagage. Hun bar på noget meget tungere.

På gården holdt Hansine sin graviditet hemmelig. Hun arbejdede, som om alt var normalt, men hun vidste, at det kun var et spørgsmål om tid.

Den 6. december 1907, sent om aftenen, mens hun var alene på sit værelse, begyndte veerne. Hun vækkede ikke nogen, selvom det havde været let. Rundt om hende sov gårdens øvrige beboere.

Klokken var omkring ét om natten, da Hansine fødte en lille pige. Kort efter tog hun en beslutning, der ændrede alt. Hun ville ikke beholde pigen. Hun ville tage hendes liv.

Hansine fortalte senere, at hun havde kvalt pigen med en snor. Men lægerne fandt ingen tegn på kvælning. Der var til gengæld skader på pigens kranium. Da Hansine blev konfronteret med det, sagde hun, at hun måske havde slået pigens hoved mod sengekanten, inden hun lagde snoren om pigens hals.

Hun forsøgte at brænde liget af pigen i gårdens kakkelovn, men opgav. I stedet gemte hun barneliget i ovnens øverste del. Hun ville vente og måske begrave det senere.

Kort tid efter opdagede nogen på gården, at Hansine havde født.

Hun blev afhørt og fortalte politiet, at barnet var dødfødt, og at hun havde brændt det. Men sandheden kom frem, da liget af pigen blev fundet af gårdens frue sammen med politiet.

Hansine blev nu sigtet for barnemord.

Liget af pigen blev begravet den 22. december 1907 på Lyngby Ny Assistens Kirkegård.

Den 25. januar 1908 blev Hansine dømt til tre års forbedringshus for barnemord efter straffelovens paragraf 192.

Den 30. januar 1908 blev Hansine ført til Christianshavns Straffeanstalt for at afsone straffen.

I fængslet blev hun beskrevet som alvorlig og pligtopfyldende. Hun gjorde, hvad hun skulle, og holdt sig for sig selv.

Præsten, der talte med hende, skrev, at hun ikke virkede som en kvinde med mange dybe tanker, men at hun havde noget mildt og barnligt over sig.

Hansine Hermandine Espersen (Ukendt årstal)
(Privatfoto)

Den 3. juni 1909 blev Hansine benådet af kongen og løsladt.

Hun fik 40 kroner med sig og vendte hjem til Bornholm, hvor hun boede hos sine forældre i en periode.

I 1910 fik hun arbejde som husbestyrerinde hos en købmand i Hasle. Der blev hun i mange år, indtil hun i foråret 1918 giftede sig med snedkeren Andreas Peter Jensen.

De blev viet i Nyker Kirke og slog sig ned i Hasle.

I 1920 fik de deres første barn, og seks år senere kom endnu et. Andreas arbejdede som snedkersvend, og Hansine blev hjemmegående.

I efteråret 1950 døde Andreas, og Hansine blev enke.

Hun levede alene i Hasle indtil den 8. maj 1957, hvor hun døde, 70 år gammel. Tre dage senere blev hun begravet på Hasle Kirkegård.

Hansine efterlod sig to børn.